문화콘텐츠의 비판적 인식

문화콘텐츠의 비판적 인식

2018년 11월 25일 초판 인쇄
2018년 11월 30일 초판 발행

지은이 l 김진형
교정교열 l 정난진
펴낸이 l 이찬규
펴낸곳 l 북코리아
등록번호 l 제03-01240호
주소 l 13209 경기도 성남시 중원구 사기막골로 45번길 14
        우림2차 A동 1007호
전화 l 02-704-7840
팩스 l 02-704-7848
이메일 l sunhaksa@korea.com
홈페이지 l www.북코리아.kr
ISBN l 978-89-6324-632-1(93300)

값 15,000원

문화
콘텐츠의
비판적
인식

김진형 지음

디지털 숭배와 상업주의에 빠진

문화산업계,

그들에게 던지는 대담한 메시지

북코리아

책머리에

2000년대 초, 한국의 인문학계는 위기와 기회를 동시에 경험했다. 국내 인문학 전공자들 사이에서 당시 대두된 인문학 경시 풍조를 '인문학의 위기'로 받아들였다. 이에 대한 대응이 필요하다고 판단한 사람들은 이 무렵부터 인문학 기반의 문화콘텐츠연구, 즉 '인문콘텐츠연구'를 도전적으로 진행했다. 이들의 입장에서 인문학 경시 풍조는 '위기'였고, 문화콘텐츠는 '기회'였다.

이 상황에서 필자는 민속학 전공지식을 바탕으로 문화콘텐츠 관련 논문들을 써왔다. 이즈음에서 '나는 인문학자인가 문화콘텐츠학자인가'를 자문(自問)한다. 그에 대한 자답(自答)은 인문콘텐츠학자다. 인문학자가 문화콘텐츠학을 하는 순간, 두 학(學)의 경계가 허물어지기 때문이다.

이 책은 필자가 짧은 기간이지만 그동안 문화콘텐츠를 접하면서 발견한 문제들, 그리고 그에 대한 '민속문화적인 답'을 정리한 것이다. 민속문화란 무엇인가에 대해서는 학자들마다 생각이 다르다. 이

책에서는 '민중'이 주체적으로 생산하고 소비하는 문화를 민속문화로 이해하고자 한다. 이러한 이해를 바탕으로 총 5개의 장을 본문으로 구성했다.

제1장에서는 민중적 시각을 적용한 권력구조 분석방법을 마련하여 문화콘텐츠의 불평등 문제를 다각도로 살폈다. 여기에서는 먼저 문화콘텐츠의 사회적 실현과정에서 필연적으로 발생하는 현실문제에 대한 인식, 민중과 민중의식 개념을 적용한 문화콘텐츠의 민중적 시각 확립, 민중적 시각에서 포착되는 문화콘텐츠의 권력구조적 불평등 양상을 통치·지리·목표·매체·계층의 측면에서 분석했다.

제2장에서는 문화콘텐츠의 인식 확장을 통해 문화콘텐츠 생산·소비 메커니즘을 진단했다. 여기서는 구체적으로 문화콘텐츠의 통시적 인식과 의의, 문화콘텐츠의 인식 확장에 따른 유형적 확대과정, 전통과 현대의 문화콘텐츠 생산·소비 형태 및 메커니즘을 비교분석하고, 나아가 현대사회 문화콘텐츠의 공동체적 발전방향을 모색했다.

제3장에서는 민중사회가 만든 미학원리인 신명풀이의 지속과 변화 양상을 살핀 다음, 이것을 판문화콘텐츠 형태로 계승하는 방안을 제시했다. 구체적으로는 과거와 현재의 신명풀이에 나타나는 보편성과 특수성, 통시적 차원에서 신명풀이가 변화된 양상, 신명풀이의 현대적 계승원리로서 판문화콘텐츠의 기본원리를 제시한 뒤 최종적으로는 멀티유즈 방식을 적용한 신명풀이의 판문화콘텐츠적 계승방안을 도출했다.

제4장에서는 메가이벤트이자 민속현상인 '국풍81'과 '박근혜 퇴진 촛불집회'를 비교하여 유사성과 대립성을 파악했다. 구체적으로는

두 메가이벤트의 표면에 나타난 유사성, 이면에 나타난 대립성을 파악하는 작업이었다. 이를 통해 정치적으로 다른 목적을 가진 두 집단이 자신들의 목적달성을 위한 메가이벤트를 기획할 때, 어떤 가치판단과 의미들을 부여했고 그것이 어떤 결과로 나타나는지를 확인했다.

제5장에서는 문화콘텐츠에 나타난 민중의식에 주목하고, 이를 변혁적 가치로 실천하기 위한 기본방향을 설정했다. 구체적으로는 문화콘텐츠에 민중의식이 표출되는 사회적 조건을 파악한 다음, 민중의식의 문화적 발현 양상과 문화콘텐츠적 기능을 분석했다. 나아가 문화콘텐츠에 나타난 민중의식의 변혁적 실천방향을 설정하는 데까지 이르렀다.

문화산업계의 문화콘텐츠 개념과 인식에 익숙한 사람들에게 새로운 토론거리를 제공할 수 있다는 점에서 이 책의 의의를 찾을 수 있다. 독자들이 이 책을 비판적 관점에서 이해하고 날선 논쟁거리로 삼아준다면, 필자로서는 영광스러운 일이다.

2018년 11월 1일
김진형

CONTENTS

일러두기

이 책의 본론을 구성하는 1~5장은 다음의 논문들을 저본으로 삼았다.

1장: 「민중적 시각으로 본 문화콘텐츠의 권력구조적 불평등 양상」, 『민속연구』 36, 안동대학교
　　민속학연구소, 2018.
2장: 「문화콘텐츠의 인식범위 확장과 생산·소비 메커니즘 진단」, 『인문콘텐츠』 42, 인문콘텐츠
　　학회, 2016.
3장: 「신명풀이의 변화양상과 판문화콘텐츠적 계승방안」, 『비교민속학』 58, 비교민속학회,
　　2015.
4장: 「'국풍81'과 '박근혜 퇴진 촛불집회'의 실현요소에 나타난 유사성과 대립성」, 『글로벌문화콘
　　텐츠』 35, 글로벌문화콘텐츠학회, 2018.
5장: 「문화콘텐츠의 민중의식과 변혁적 가치로의 실천방향」, 『글로벌문화콘텐츠』 31, 글로벌문
　　화콘텐츠학회, 2017.

1장

민중적 시각으로 본
문화콘텐츠의
불평등 문제

1.
문화콘텐츠에 내재된
근본적인 문제인식 제기

박근혜 정부의 대표적인 국정운영 전략은 창조경제였다. 2013년 2월 25일, 박 대통령은 취임사에서 "창조경제는 과학기술과 산업이 융합하고, 문화와 산업이 융합하고, 산업 간의 벽을 허문 경계선에 창조의 꽃을 피우는 것"이라고 강조했다. 뒤이어 창조경제의 추진체계도 구축했다. 박 대통령의 취임사 내용 중 '문화와 산업의 융합'은 곧 문화콘텐츠였다. 그에 따라 문화체육관광부는 문화콘텐츠산업을 창조적으로 발전시켜 국가경제 발전에 더 크게 이바지해야 하는 막중한 임무를 부여받았다.

당시 문화체육관광부가 관장한 대표적인 창조경제 관련 사업은 차은택 창조경제추진단장이 주도한 문화창조융합벨트사업과 송성각 한국콘텐츠진흥원장이 주도한 창조경제 지원사업으로 집약된다. 그런데 차 단장과 송 원장은 근무 중에 비리를 저지른 것으로 드러나 구속되었고, 문화콘텐츠산업실장은 이에 대한 관리 소홀에 대한 책임을 지고 사표를 냈다. 박 대통령은 창조경제사업의 침몰과 함께 잔여 임기를 채우지 못하고 탄핵되었다. 이 상황이 전개되는 가운데 문화콘텐츠는 최순실 국정농단에 연루된 대표단어 중 하나가 되어버렸다. 지난 차 단장 사건의 결심공판에서 차 단장은 다음과 같이 말했다.

> "직원의 소개로 최순실 씨를 만나게 됐고, 제가 경험한 문화콘텐츠에 대한 생각을 말한 것을 계기로 여기까지 오게 되었습니다."[1]

최순실 국정농단에서 문화콘텐츠는 차 단장이 최순실의 신임을 얻는 데 기여한 '매력적인 주제'였다. 그런데 여기서 짚고 넘어가야 할 것은 문화콘텐츠가 최순실 국정농단 관련 '범죄'에 연루된 것은 없다는 점이다. 문화콘텐츠를 부당하게 이용해 범죄를 저지른 차 단장과 송 원장에게 죄가 있을 뿐 대중사회의 한 구성요소인 문화콘텐츠에는 죄가 없다. 이는 강가의 자갈을 몰래 채취해 팔아먹다가 붙잡힌 골재장사꾼에게 죄를 물을 뿐 강가의 자갈에 죄를 물을 수 없는 이치와 마찬가지다. 이 사건과 관련해서는 문화콘텐츠 자체를 질타할 수 없다는 말이다.

그러나 문화콘텐츠가 지금까지 본연의 목표를 성실히 달성해왔는가를 물어보면, '그렇다'고 말하기에는 부족한 점이 한두 가지가 아

---

1) 「검찰, '문화계 황태자' 차은택 징역 5년 구형… 이달 22일 선고」, 『연합뉴스』, 2017년 11월 1일자.

니다. 문화콘텐츠는 사회 안에서 작동되는 일정한 요소로 현상과 현상, 집단과 집단, 개인과 개인의 이해관계가 얽혀 있다. 그로 인해 문화콘텐츠는 사회적 실현과정에서 다양한 '현실문제'를 일으킬 수밖에 없는 특성을 가진다. 필자는 여기에 주목한다.

이 장은 민중적 시각을 통해 문화콘텐츠에 나타나는 주요 현실문제인 '권력구조적 불평등' 양상을 파악하는 것이 핵심이다. 문화콘텐츠는 사회적 차원에서 어떤 권력구조를 형성하고 있으며, 그 구조 안에서 어떤 불평등이 나타나는지를 민중적 시각을 통해 비판적으로 검토해보는 것이다. 이는 결과적으로 사회발전의 주체인 민중의 입장에서 문화콘텐츠에 어떤 극복과제가 있는지를 거시적으로 파악하는 작업이라 할 수 있다.

논의를 전개하기 위해 먼저, 그동안 한국 민속학에서 논의된 민중과 민중의식 개념을 검토한 뒤, 그것을 토대로 문화콘텐츠를 보는 민중적 시각을 구체적으로 확립한다. 다음으로는 확립된 시각의 토대 위에서 기존 권력개념의 포괄적 수렴에 따른 문화콘텐츠 권력구조의 분석논리를 자체적으로 설정한다. 마지막으로, 이러한 분석논리를 적용하여 문화콘텐츠에 나타난 권력구조와 그에 따른 불평등 양상을 체계적으로 도출해보고자 한다.

2.
민중의식에 의한
문화콘텐츠의 민중적 시각 확립

　　문화콘텐츠에 나타나는 권력구조적 불평등 문제를 분석하기 위해서는 그 상황을 읽는 데 적합한 '시각' 설정이 선행되어야 한다. 그렇게 되어야 분석대상에 집중할 수 있는 한편, 문제 포착과 원인규명에 대한 정확성을 획득할 수 있기 때문이다.

　　이 장에서 핵심적으로 파악할 것은 권력구조적 불평등 문제다. 이는 불평등을 경험하는 존재의 시각에서 살펴볼 때 구체적인 결과를 도출할 수 있다. 오늘날 일반적인 계층구분[2)]에 따른 문제해석의 기본

---

2)　계층은 '계급'과 혼용되고 있어서 개념적 혼란이 존재한다. 또 학문적 입장에 따라 계급을 더 포괄적 의미로 사용하기도 하고, 계층을 더 포괄적 의미로 사용하기도 한다. 그러나 사회학의 일반적 기준으로 볼 때 계급은 생산수단의 소유 및 통제를 둘러싼 사회관계에 따른 분류이며, 계층은 재산, 소득, 교육수준, 직업, 생활양식 등의 여러 요소에 따른 임의적 분류다. 이 분류에 입각해볼 때 계급사회의 구성원은 스스로 계급의식을 가지게 되는 데 반해, 계층사회의 구성원은 단순히 서열적으로 귀속된 의식 정도만 가진다(비판사회학회 엮음, 『사회학, 비판적 사회읽기』, 한울아카데미, 2017, 410-412쪽). 이러한 계급과 계층의 차이를 기준으로 우리나라를 보면, 전통사회는 계급사회, 현대사회는 계층사회로 간주하는 것이 가능하다(김진형, 「문

시각은 크게 엘리트적 시각, 대중적 시각, 민중적 시각이라는 세 가지를 나열할 수 있는데, 이 논의에서 가장 적합한 시각은 '민중적 시각'이다. 왜냐하면 불평등 문제는 경험의 대상인 약자적 입장에서 제대로 볼 수 있는데, 민중적 시각은 그러한 입장을 취한다. 이 맥락에서 대중적 시각은 일반대중[3]이 가진 문화콘텐츠의 무한한 수용성 때문에 문제점 자체를 아예 인식하지 못할 수 있으며, 엘리트적 시각의 경우에는 권력을 획득한 대상의 입장에서 그들을 옹호할 우려가 있기 때문이다.

특히, 필자는 민속학 전공지식을 바탕으로 문화콘텐츠를 공부하는 사람이다. 필자는 최근 민중개념을 적용하여 문화콘텐츠의 학술적 실마리들을 풀어본 적이 있다. 전통사회의 문화콘텐츠 생산·소비 주체로서 민중의 역할[4]과 문화콘텐츠의 민중의식[5] 등을 파악한 것이 대표적이다. 이러한 연구경험은 문화콘텐츠를 보는 민중적 시각의 체계

화콘텐츠의 민중의식과 변혁적 가치로의 실천방향」, 『글로벌문화콘텐츠』 31, 글로벌문화콘텐츠학회, 2017, 3쪽). 이 장에서는 논의의 특성에 따라 현대사회를 계층사회로 이해하며, 계층의 구분을 크게 엘리트, 대중, 민중으로 설정하겠다.

3) 일반적으로 엘리트는 특정영역에서 우월한 지위와 영향을 행사하는 소수를 의미하며, 대중은 엘리트의 영향력에 수동적인 대상이 되는 개별 인간의 집합체로 본다(성해영, 「정치엘리트와 대중의 관계」, 『고시계』 464, 고시계사, 1995, 340쪽). 이 개념에 따라 현대사회 문화콘텐츠의 생산·소비 형태를 보면, 문화콘텐츠사업에서의 엘리트는 전문지식을 바탕으로 문화콘텐츠를 만들어 대중사회에 제공하여 대중에게 문화적으로 우월적인 영향력을 행사한다. 이때 대중은 엘리트의 우월적인 영향력 아래에서 문화콘텐츠를 소비하는 주체가 된다. 여기서 주목되는 것은 대중이 엘리트가 생산한 문화콘텐츠를 소비하는 것에 머문다는 점이다. 만약 대중이 문화콘텐츠 분야의 고도화된 전문지식을 체계적으로 습득하여 문화콘텐츠를 생산하는 데까지 이르렀다면, 이는 사실 대중이 엘리트로 '전환'된 것이라 할 수 있다(김진형, 「문화콘텐츠의 인식 범위 확장과 생산·소비 메커니즘 진단」, 『인문콘텐츠』 42, 인문콘텐츠학회, 2016, 159쪽).

4) 위의 논문.

5) 김진형, 앞의 논문.

확립에 요구되는 학술적 토대가 될 수 있다. 결과적으로 여기서는 권력구조적 불평등이라는 문제인식에 따라 민중과 민중의식을 토대로 적용한 '문화콘텐츠를 보는 민중적 시각'을 확립해보고자 한다.

'민중이란 무엇인가'에 대해서는 그동안 여러 학문분야에서 논의되었다. 그 결과 민중은 내용이 애매모호한 것이어서 하나의 개념으로 일치시킬 수 없다는 결론을 내렸다. 바로 그 점이 '민중'이라는 단어의 매력이다.[6] 이와 관련하여 민중 개념은 하나의 학문 안에 여럿으로 존재하기도 한다. 대표적인 예가 한국의 민속학 사례다. 한국 민속학에서는 임재해가 가장 먼저 민속의 전승주체로서 민중 개념을 체계화했다. 임재해의 민중 개념은 다음과 같다.

> "민중은 정치 · 경제 · 문화적 피지배층으로, 자기 문화를 주체적으로 창조한다. (중략) 민중은 전통문화의 전승 담당층으로서 농어민이 된다."[7]

그런데 임재해의 민중 개념을 살펴보면, 내용의 전반부와 중반부에서는 민중을 유동적인 존재로 인식할 수 있게 하지만, 후반부에 접어들어 민중을 '농어민'이라는 정태적 존재로 간주해버린 것이 확인된다. 여기에 주목한 나승만은 임재해의 민중 개념에 전반적으로 동의하면서도 민중을 정태적 존재로 간주한 부분에 대한 문제제기를 통해 유동적 존재로서 민중 개념을 재정립했다. 나승만이 재정립한 민

---

6)   노재봉, 「populism(민중주의) 논고」, 『국제문제연구』 8권 1호, 서울대학교 국제문제연구소, 1984, 199쪽.

7)   임재해, 『민속문화론』, 문학과지성사, 1986, 42-43쪽 발췌.

중 개념은 다음과 같다.

"민중이란 권력의 밖에 위치하며 민중의 인간다운 삶이 실현되
는 세계상을 향해 나아가는 다양한 사회집단이다. 민중은 시대를
초월하여 끊임없이 깨어나고 각성하며 우리나라의 민주주의를 발
전시켜 온 주체이다."[8]

나승만은 위 개념에 따른 대표적인 민중을 "민중에게 에너지를
불어넣어주는 지식인, 생산노동현장의 노동자들, 기업체의 넥타이부
대, 학생들, 이주외국인"으로 제시했다. 그 밖에도 자신이 민중임을
자각하고 민중의 삶을 풍요롭게 하기 위해 실천하는 사람들이라면[9]
모두 민중이 될 수 있다고 주장했다. 나승만의 민중 개념은 상황에 따
라 이합집산(離合集散)하는 오늘날의 민중을 포괄적으로 설명할 수 있기
에 현대사회를 보는 민중적 시각을 도출하는 작업에 활용하는 데 적
합한 개념이다.

그러나 사물에 대한 인간의 인식은 '의식'으로부터 비롯된다는
점을 고려했을 때, 문화콘텐츠를 보는 민중적 시각 확립의 토대로서
민중 개념은 그 안에 필수적으로 '민중의식'이 반영되어야 한다. 왜냐
하면 그러한 시각을 확립하기 위해서는 시각 확립의 의식적 기준이
있어야 하는데, 그것은 반드시 민중의식이어야 하기 때문이다.

특히, 민중의식은 민중이 사물을 민중답게 인식하도록 하는 심적

---

8) 나승만, 「민중주의민속학과 우리민속학의 전망」, 『비교민속학』 48, 비교민속학회, 2012, 32쪽.
9) 위의 논문, 같은 쪽.

현상이기에 민중을 규정하는 필수요소가 된다. 따라서 민중이 되기 위해서는 기본적으로 민중다운 마음인 민중의식을 가지고 있어야 한다. 겉으로는 민중으로 보이는 집단일지라도 민중의식이 없으면 그들은 결코 민중이 될 수 없다.

민중의식의 개념정의는 조동일에 의해 이루어졌다. 조동일은 민중의식을 "민중의 사회적 처지를 자각하고 잘못된 세상을 비판하는 의식"[10]으로 규정했다. 민중을 규정할 때 이러한 의식을 필수조건으로 적용하면, 아무리 권력 밖의 피지배층이라 하더라도, 그리고 민중의 인간다운 삶을 위해 소통하려는 사회집단이라 하더라도 민중의식이 없으면 민중이 될 수 없다는 논리가 성립한다. 그러나 나승만의 민중 개념에는 민중의식에 대한 언급이 없다. 다만, "우리나라의 민주주의를 발전시켜온 주체"라는 대목에서 민주주의 발전에 요구되는 근본적인 의식이 민중의식일 것으로 유추해볼 수 있을 정도다.

나승만이 정의한 민중과 조동일이 정의한 민중의식을 종합해서 민중 개념을 재정립하면, 문화콘텐츠를 보는 민중적 시각 확립의 1차적 토대로 활용될 수 있다. 따라서 이 두 개념을 종합해서 민중 개념을 재정립하면, "민중의식에 공감하고 그 의식을 행위로 실천하는 집단이라면 누구든 민중이 될 수 있다"[11]는 논리가 도출된다. 그러나 본 연구의 시각을 확립할 때 이것만으로는 부족하다. 왜냐하면 이러한 민중 개념에는 민중의 정체가 무엇인지에 대한 내용은 있지만, 민중이 추구하는 문화콘텐츠의 이상과 현실을 구분할 수 있는 내용이 없

---

10) 조동일, 「민중, 민중의식, 민중예술」, 『한국설화와 민중의식』, 정음사, 1985, 314쪽.
11) 김진형, 앞의 논문, 2017, 4쪽.

기 때문이다.

민중이 추구하는 문화콘텐츠의 이상을 도출하게 되면, 이것과의 비교를 통해 문화콘텐츠가 처한 현실이 구체적으로 파악된다. 그런 점에서 문화콘텐츠의 이상에 대한 파악은 민중적 시각에 따른 문화콘텐츠 분석의 '척도'가 될 수 있다. 따라서 민중이 추구하는 이상적인 문화콘텐츠가 무엇인지를 밝히는 작업의 결과를 본 연구의 시각을 확립하는 2차적 토대로 삼겠다.

2차적 토대 마련을 위한 내용을 정리해보면, 우선 민중은 권력 밖의 집단이다. 권력 안의 집단은 기득권을 가진 집단으로, 그들은 강자다. 민중은 강자와 대조하면 상대적으로 약자이지만, 항상 약자에 머물기만 한 것은 아니었다. 동학농민혁명과 같이 민중공동체의 힘으로 인간해방을 실현하고자 강자의 횡포에 맞서 투쟁하여 사회적 모순을 주체적으로 해결한 역사적 사실이 있기 때문이다. 이러한 민중의 기본성격을 바탕으로 할 때, 2차적 토대로서 민중이 추구하는 이상적인 문화콘텐츠는 "권력 밖을 지향하는 가운데 약자의 편에서 인간해방을 추구하는 문화적 내용물"로 정리할 수 있다.

그러나 문화콘텐츠를 보는 민중적 시각을 확립할 때 무엇보다 선행되어야 할 사항은 '연구자가 민중이 되는 것'이다. 연구자가 민중이 되지 못하면 그러한 시각에 따른 해석은 진정성(authenticity)을 획득할 수 없기 때문이다. 이것을 본 연구의 시각 확립의 최종적 토대로 활용한다. 결과적으로 '재정립한 민중 개념', '민중의 이상적인 문화콘텐츠 개념', '연구자의 마음가짐' 등을 종합하여 문화콘텐츠를 보는 민중적 시각을 확립하면, 그 시각은 탐구대상을 명확하게 하고 분석의 체계화를 이루게 할 것이다. 따라서 이 세 가지 토대를 종합한 최종적인 시각을 "권력 밖의 입장에서 약자적 대상이 처한 상황을 면밀히 인식하고, 강자적 대상에 의해 형성된 불평등 현상을 합리적으로 비판하는 시각"으로 정리한다. 이러한 시각의 토대 위에서 문화콘텐츠 권력구조의 분석논리를 구체적으로 설정하고자 한다.

3.
민중적 시각에서 포착된
문화콘텐츠의 불평등 양상

권력은 여러 학문분야에 사용되는 개념이지만, 이에 대한 정확한 의미와 본질은 논쟁거리이며, 권력이 정확히 무엇인지에 대한 합의는 아직도 이루어지지 않았다.[12] 다만, 막스 베버(Max Weber)와 미셸 푸코(Michel Foucault)의 권력에 대한 아이디어는 문화연구에서 항상 고려해야 할 부분이다. 베버는 권력이란 "한 사회적 관계 안에서 저항이 있더라도 자신의 의지를 관철시킬 수 있는 모든 개연성"[13]이라고 말한다. 그에 비해 푸코는 권력이란 "손에 넣거나 빼앗거나 공유하는 것이 아니라 생산기구, 가족, 제한된 집단, 제도 안에서 작용하는 다양한 세력관계가 사회 전체에 퍼져 있는 것"[14]이라고 주장했다. 푸코는

---

12) 앤서니 기든스 · 필립 W. 서튼 지음, 김봉석 옮김, 『사회학의 핵심개념들』, 동녘, 2015, 418쪽.

13) 막스 베버 지음, 이상률 옮김, 「16항 권력과 지배」, 『사회학의 기초개념』, 문예출판사, 2017, 119쪽.

14) 미셸 푸코 지음, 이규현 옮김, 『성의 역사 1, 지식의 의지』, 나담, 2017, 110쪽.

특히 권력이 지식과 밀접하게 연관되어 있고, 이 둘은 서로를 강화시 킨다는 것[15]을 강조했다.

여기서 첫 번째 쟁점은 권력에 대한 푸코의 개념이 베버의 개념 을 넘어선 것처럼 보이지만, 베버의 개념에 더 잘 부합하는 현상도 존 재한다는 것이다. 푸코의 권력 개념은 일상적 상호작용에서 권력이 작동되는 방식에 대한 미묘한 설명을 제공했지만, 군대 또는 특정사 회계급 내에서 실제로 축적되어 베버의 강제적 권력 개념에 가까운 방식으로 타인에게 자신의 의지를 강제할 수 있게 되는 방식을 과소 평가했다는 점이다.[16]

그리고 두 번째 쟁점을 볼 때 베버의 개념은 권력을 소유하거나 빼앗길 수 있는 것으로 이해하지만, 푸코의 개념에서는 권력을 소유 하거나 빼앗기는 것이 아닌 관계와 관계의 상호작용 속에서 '행사'되 는[17] 것으로 이해하고 있다. 이 점에서 두 개념은 큰 차이를 보인다. 여기서 핵심적인 문제는 푸코의 개념이 베버의 개념을 부정하고 있다 는 점이다. 푸코는 또 다른 측면에서 권력을 설명하고 있으면서도 기 존의 권력 개념을 부정해버렸다. 하지만 푸코의 개념이 형성된 오늘 날에도 여전히 베버의 개념이 광범위하게 활용되고 있다는 점을 인식 해야 한다. 그렇다면, 이 두 개념은 오늘날 권력을 이해하는 두 차원 의 시각을 제공하는 '프리즘(prism)의 두 각도'와도 같다.

이 연구에서는 기존의 두 권력 개념에 대한 이해를 바탕으로 또

---

15) 앤서니 기든스·필립 서튼 지음, 김미숙 외 6명 옮김, 「정치, 정부, 사회운동」, 『7판 현대사회 학』, 을유문화사, 2014, 939쪽.

16) 앤서니 기든스·필립 W. 서튼 지음, 김봉석 옮김, 앞의 책, 421~422쪽.

17) 미셸 푸코 지음, 이규현 옮김, 앞의 책, 110쪽.

다른 차원에서 권력구조를 분석하는 논리를 설정하고자 한다. 그러기 위해 기본적으로 존재와 존재 사이에 나타나는 힘의 우위적 상태와 열세적 상태를 권력 차원에서 주목한다. 자세히 말하면 인간과 인간이든, 집단과 집단이든, 현상과 현상이든 모든 존재 간에는 제각기 일정한 힘이 있는데, 이러한 힘들의 관계가 곧 권력이다. 존재와 존재는 힘의 정도에 따라 '우위'와 '열세'가 결정되는데, 여기서 힘이 열세한 존재는 힘의 우위를 점한 존재로부터 형성된 권력에 의해 불평등을 경험하는 주체가 된다.

이와 같은 차원에서 권력을 이해할 때 민중적 시각은 궁극적으로 이러한 권력구조와 불평등 문제를 구체적으로 파악할 수 있다. 왜냐하면 민중적 시각은 대상과 대상에 나타나는 힘의 우위와 열세의 상태를 포착하고, 이에 근거해서 약자적 대상과 강자적 대상을 구분하며, 그에 따른 불평등을 약자적 대상의 입장에서 합리적으로 비판하는 시각이기 때문이다.

이에 민중적 시각이라는 토대에서 권력구조 분석논리로 문화콘텐츠를 볼 때, 문화콘텐츠의 '지식'을 점유한 대상은 문화콘텐츠를 둘러싼 권력구조에서 힘의 우위를 점한다. 문화콘텐츠에 관한 지식은 크게 개념지식을 비롯하여 법률지식, 정책지식, 미디어지식, 저작권지식 등 다양하며, 이를 점유한 대상은 자신들에게 종속된 대상과의 관계에서 '불평등'[18]을 형성하게 하는 원인을 제공한다. 문화콘텐츠

---

18) 사회학에서 말하는 불평등이란, 사실적으로 존재하는 수직적 차이다. 불평등은 개인이나 집단 각각에 대해 사회적 기회나 조건이 차별적으로 부여됨으로써 생겨나며, 그 결과로 부, 권력, 명예 등 사회적 자원들의 소유나 사용에서 수직적 차이가 형성된다(비판사회학회 엮음, 『사회학, 비판적 사회읽기』, 한울아카데미, 2017, 393쪽).

관련 권력관계에서 형성되는 불평등 양상은 매우 다양할 수 있다. 여기서는 권력의 구체적인 좌표를 크게 통치, 지리, 목표, 매체, 계층 등 5개로 설정해서 살펴보겠다.

첫째, 문화콘텐츠의 권력적 좌표 중 '통치'를 볼 때 문화콘텐츠는 '정부'와 '지자체'의 관계에서 권력구조를 형성하게 하고, 그로 인해 불평등이 발생한다. 원인을 보면, 정부가 문화콘텐츠 전반의 지식체계를 종합적으로 점유함으로써 통치적 힘의 우위를 점하고, 그것에 의해 문화콘텐츠에 관한 정부의 통치적 당위성을 정당화했다. 이로 인해 상대적으로 통치적 힘이 열세한 지자체는 정부권력에 종속되면서 불평등을 경험하게 된다.

문화콘텐츠는 '기반'을 통해 현실에 구체화되는데, 이것은 대부분 정부에 의해 움직인다. 문화체육관광부는 「문화산업진흥기본법」과 「콘텐츠산업진흥법」이라는 법률기반, 해당 부처 내 콘텐츠정책국·저작권국·미디어정책국이라는 관리기반, '한국콘텐츠진흥원'이라는 사업기반 등 강력한 세 기반을 구축했다. 이 세 기반은 모두 고도화된 문화콘텐츠지식에 의해 작동되는 정부의 권력기반이라 할 수 있다. 그런데 문제는 현재 정부가 법률기반에서 문화콘텐츠 유형을 일반대중이 인식하는 것보다 '협소'하게 제시하고 있고, 그에 따라 관리기반과 사업기반이 움직이고 있다는 점이다. 문화체육관광부가 문화산업 통계조사에서 표본으로 다루는 문화콘텐츠 유형은 다음과 같다.

① 출판, ② 만화, ③ 음악, ④ 게임, ⑤ 영화, ⑥ 애니메이션,

⑦ 방송, ⑧ 광고, ⑨ 캐릭터, ⑩ 지식정보, ⑪ 콘텐츠솔루션[19]

위에서 제시한 문화콘텐츠 유형은 모두 산업유형, 즉 상품으로 판매가 가능한 유형이다. 한편, 지자체는 산업유형이 아닌 지역의 문화발전에 적합한 문화콘텐츠 유형의 경우 정부의 정책적 수혜를 제대로 받기 힘든 상황에 놓인다. 가령, 지자체 차원에서 개발이 용이한 대표적인 문화콘텐츠 유형을 꼽자면, 축제·전시·테마파크 같은 공간형 콘텐츠[20]와 마을공동체 구성원이 주도하는 작고 소박하지만 내실 있는 마을문화콘텐츠가 거론될 수 있다. 이들 문화콘텐츠는 지자체가 개발했을 때 가장 효과적이다. 왜냐하면 두 예시 모두 지자체의 '장소'에 귀속되는 성격을 가진다. 그리고 장소로서 지역과 마을에 관한 원천자료를 활용하여 공간형 콘텐츠나 마을문화콘텐츠를 만들어 운영하게 되면, 그것이 해당 장소의 문화적 정체성을 강화하는 기능을 효과적으로 발휘하기 때문이다.

그러나 정부의 문화콘텐츠 제 기반은 구축할 때부터 오늘에 이르기까지 자신들이 조작적 정의를 내린 디지털 중심의 콘텐츠 유형 외에는 관심을 기울이지 않는다. 정부는 '드러나는 권력'으로서 문화콘텐츠의 통치권력을 획득하고 있기에 설사 지자체의 저항적 요구가 있다고 하더라도 자신들의 판단과 방침을 관철시킬[21] 능력을 가지고 있다. 결국, 지자체가 공간형 콘텐츠 또는 마을문화콘텐츠 개발을 추진

---

19) 문화체육관광부, 『2016 콘텐츠산업 통계조사』, 2017, 18쪽.

20) 태지호, 『공간형 콘텐츠』, 커뮤니케이션북스, 2014, 14쪽.

21) 막스 베버 지음, 이상률 옮김, 앞의 책, 119쪽.

한다면, 스스로 재원을 마련하거나 정부의 다른 재원을 알아봐야 하는 상황에 놓이게 된다.

둘째, 문화콘텐츠의 권력적 좌표 중 '지리'를 볼 때 문화콘텐츠는 '수도권'과 '지방'의 관계에서 권력구조를 형성하게 하고, 그로 인해 불평등이 발생한다. 원인을 살펴보면, 우선 수도권이 문화콘텐츠의 기획·생산·유통에 관련된 기술지식 점유를 통해 지리적 힘의 우위를 점하고 있다는 점이다. 상대적으로 지리적 힘이 열세한 지방은 수도권에 종속되면서 불평등의 경험주체가 된다.

현재 문화콘텐츠산업은 수도권에서 집중적으로 육성되고 있다. 『2016 콘텐츠산업 통계조사』결과에 따르면, 2015년을 기준으로 볼 때 한국의 문화콘텐츠산업 관련 사업체는 32.2%가 서울, 19.5%가 경기도에 위치하고 있다. 즉, 수도권의 사업체가 한국 전체 사업체의 51.7%를 차지한다. 따라서 서울과 경기도를 제외한 나머지 6개 광역시와 8개 도의 사업체는 모두 합쳐도 48.3%에 불과하다.

〈표 1〉 2015년 콘텐츠산업 지역별 사업체 비율[22]

지역	서울	부산	대구	인천	광주	대전	울산	경기
비중(%)	32.2	6.3	5.0	4.7	3.3	3.4	2.1	19.5
지역	강원	충북	충남	전북	전남	경북	경남	제주
비중(%)	2.4	2.6	3.3	2.7	2.6	4.2	4.7	1.0

---

22) 이 통계는 지역별로 자리 잡은 출판, 만화, 음악, 게임, 영화, 애니메이션, 방송, 광고, 캐릭터, 지식정보, 콘텐츠솔루션 등 11개 유형의 사업체를 대상으로 한 것이다(문화체육관광부, 앞의 보고서, 61쪽 통계표 발췌).

그런데 주목할 것은 지역별 매출 비율에서는 수도권과 지방의 비율 격차가 더욱 벌어져 있다는 점이다. 2015년 한국문화콘텐츠산업의 총 매출은 100조 3,368억 4,300만 원으로 집계되어 있는데, 이 가운데 64.1%가 서울, 21.6%가 경기도의 매출로 수도권이 전체 매출의 무려 85.7%를 차지했다. 그렇다면, 나머지 6개 광역시와 8개 도를 모두 합친 매출은 전체 매출에서 불과 14.3%밖에 되지 않는다. 이 결과를 통해 한국의 문화콘텐츠정책은 수도권 문화콘텐츠기업들의 경제수익 증대에 기여하고 있다는 것[23]이 드러난다.

기본적으로 수도권은 고도의 기술을 비롯하여 막강한 자본력과 생산력을 갖춘 문화콘텐츠기업들이 포진해 있다. 이들은 우수한 콘텐츠 전문인력을 확보하고 있고 재무환경이 안정적이다. 수도권은 문화콘텐츠 환경에서 관련 기술지식과 자본을 빨아들이는 블랙홀과 같으며, 그로 인해 권력의 최상단에 위치한다. 이러한 현실에서 지방의 문화콘텐츠 전문인력이 자신의 일터를 지방에서 수도권으로 옮기는 게 어제 오늘 일이 아니며, 그리 이상한 것도 아니다. 정부는 수도권 문

〈표 2〉 2015년 콘텐츠산업 지역별 매출 비율[24]

지역	서울	부산	대구	인천	광주	대전	울산	경기
비중(%)	64.1	2.4	1.8	1.4	0.9	1.1	0.5	21.6
지역	강원	충북	충남	전북	전남	경북	경남	제주
비중(%)	0.5	0.7	0.7	0.5	0.4	1.2	1.3	0.8

---

23) 김진형, 『문화콘텐츠와 멀티유즈 전략』, 민속원, 2015, 61쪽.
24) 문화체육관광부, 앞의 보고서, 65쪽 통계표 발췌.

화콘텐츠기업들을 성장시켜 그들끼리 경쟁을 부추기는 한편, 지방의 작은 문화콘텐츠 생산 커뮤니티는 홀대하는 경향이 있는 것이 사실이다. 가령, 현재 정부는 국내 금융권과의 협업으로 문화콘텐츠금융부를 운영하고 있는데, 그동안 여기서 자금을 지원받은 곳은 수도권 문화콘텐츠기업 중에도 자금유치 경쟁에서 이긴 강소기업 이상이었다. 여기에 지방의 영세한 문화콘텐츠기업이나 소규모 콘텐츠커뮤니티들은 개발인프라, 전문인력, 사업실적이 빈곤하여 수도권 문화콘텐츠기업이라는 거대공룡과 경쟁하기란 달걀로 바위 치기나 마찬가지다. 한 예로, 최근 몇 년간 기업은행 문화콘텐츠금융부에서는 대출 및 투자 목적의 '문화콘텐츠 강소기업 육성사업'을 여러 차례 추진했는데, 이 사업에 선정된 곳은 대부분 서울에 소재한[25] 대형 기업들이었다.

셋째, 문화콘텐츠의 권력적 좌표 중 '목적'을 볼 때 문화콘텐츠는 '경제'와 '문화'의 관계에서 권력구조를 형성하게 하고, 그로 인해 불평등이 발생한다. 원인은 문화콘텐츠 발전에 관한 경제론자와 문화론자의 권력투쟁에서 경제론자가 이겨 현실사회에 문화콘텐츠의 경제적 가치가 중요하다는 인식을 형성했기 때문이다. 여기서 경제론자가 지식의 경합에서 이긴 뒤 조성한 것은 '경제적 가치담론'이며, 경제는 그 담론을 통해 목적 측면에서 힘의 우위를 점한다. 이 맥락에서 상대적으로 힘이 열세한 문화는 불평등의 경험주체다. 이러한 담론의 구체적인 파편들은 인터넷정보를 비롯하여 문화콘텐츠학 관련 논문 및

---

25) 기업은행은 2012년 1월에 문화콘텐츠 지원조직을 마련한 데 이어 2013년 7월에 이 조직을 '문화콘텐츠금융부'로 확대·개편했다("영화·드라마의 새로운 흥행공식, IBK 문화콘텐츠금융부", 『IBK기업은행 공식블로그』, 2016년 9월 6일자). 문화콘텐츠금융부가 그동안 자금을 지원한 문화콘텐츠 분야는 영화, 드라마, 공연·음악, 애니·캐릭터인데, 대부분 서울 소재의 대형 제작사 및 배급사가 최종 지원을 받았다(위 블로그 내용 재구성).

저서들에서 쉽게 확인된다.

"콘텐츠란 제작하고 가공해서 소비자에게 전달하는 정보상품
이다."[26]

"문화콘텐츠의 출발점은 문화를 산업이나 국가경제와 연계시
키는 데 있다."[27]

"문화콘텐츠는 커뮤니케이션의 다양한 채널을 통해 상업화할
수 있는 재화다."[28]

"문화콘텐츠는 고부가가치 산업이다."[29]

문화콘텐츠정책은 성립했을 때부터 지금까지 경제적 부가가치
창출에 집중하고 있다. 그러나 문화콘텐츠 개발의 핵심적인 목적은
경제와 문화가 변증법적 조화를 이루면서 함께 성장하는 것이라 할
수 있다. 「문화산업진흥기본법」 제1조에는 문화산업의 목적을 "국민
의 문화적 삶의 질 향상과 국민경제의 발전에 이바지"한다고 명시하
고 있고, 「콘텐츠산업진흥법」 제1조에서도 콘텐츠산업의 목적을 "국
민생활의 향상과 국민경제의 건전한 발전에 이바지"한다고 명시하고

---

26) 인문콘텐츠학회, 『문화콘텐츠입문』, 북코리아, 2006, 14쪽.
27) 최연구, 『문화콘텐츠란 무엇인가』, 살림, 2012, 21쪽.
28) 강현구 외, 『문화콘텐츠와 인문학적 상상력』, 글누림, 2005, 12쪽.
29) 정창권, 『문화콘텐츠학강의(깊이 이해하기)』, 커뮤니케이션북스, 2008, 17쪽.

정부 구분	계획명	주요 내용
이명박 정부	제1차 콘텐츠산업 진흥 기본계획 (2011~2013)	- 콘텐츠산업 육성체계 마련 - 콘텐츠 분야 청년일자리 창출 - 글로벌 시장 진출 확대 - 저작권 보호 강화, 공정경쟁 환경 조성 - 콘텐츠산업 핵심기반 강화
박근혜 정부	제2차 콘텐츠산업 진흥 기본계획 (2014~2016)	- 콘텐츠 제작지원 확대 - 콘텐츠 전문인력 교육시스템 구축 - 글로벌 시장 진출 확대 - 기업 간 협력 강화, 저작권 관리체계 구축 - 콘텐츠 산업경쟁력 강화
문재인 정부	제3차 콘텐츠산업 진흥 기본계획 (2017~2022)	- 창작 · 유통이 상생하는 콘텐츠 생태계 조성 - 1인 창조기업 지원 - 공정한 콘텐츠 제작환경 구축 - 융합콘텐츠 인재 양성을 통한 일자리 창출

있는 것이 이를 방증한다.

하지만 현실은 문화콘텐츠를 개발하는 목적인 경제와 문화의 변증법적 조화를 이루지 못하고 있다. 한국 사회에서 문화콘텐츠는 경제론자가 만들어낸 '문화의 경제적 가치담론'이 작용하여 '상품'으로 인식되는 경우가 많다. 이 상황에서 정부가 수립하는 문화콘텐츠 관련 진흥계획은 문화콘텐츠의 상품성을 높이기 위한 산업화 전략의 성격을 가지며, 거기에 문화콘텐츠를 통한 문화육성에 대한 아이디어는 제대로 포함되지 않는다. 이는 이명박 정부의 제1차 콘텐츠산업 진흥 기본계획, 박근혜 정부의 제2차 콘텐츠산업 진흥 기본계획, 문재인

---

30) 김규찬, 『문화산업정책 20년 평가와 전망』, 한국문화관광연구원, 2015, X쪽; 안창현 외, 『새로운 문화콘텐츠학』, 커뮤니케이션북스, 2017, 162쪽.

정부의 제3차 콘텐츠산업 진흥 기본계획의 주요 내용에서 쉽게 확인된다.

넷째, 문화콘텐츠의 권력적 좌표 중 '매체'를 볼 때 문화콘텐츠는 '디지털'과 '비디지털'의 관계에서 권력구조를 형성하게 하고, 그로 인해 불평등이 발생한다. 그 원인을 보면, 우선 디지털은 문화콘텐츠의 권력적 좌표에서 정부, 수도권, 경제가 가진 힘의 우위를 유지시켜주는 '근본지식'이라는 점이다. 그러기에 문화콘텐츠를 둘러싼 다양한 힘의 토대로서 디지털은 매체적 힘에서도 우위를 점하게 되며, 비디지털과의 경합에서 이길 수밖에 없는 구조를 가진다. 이 맥락에서 상대적으로 매체적 힘이 열세한 비디지털은 불평등의 경험 주체가 된다.

사실 '문화콘텐츠'라는 용어는 디지털문화가 확산하는 과정에서 성립한 것으로, 용어 성립 초기에는 '문화콘텐츠는 곧 디지털 내용물'이라는 인식에서 출발했다. 그러나 문화콘텐츠의 발전과정에서 문화기획자집단과 문화콘텐츠연구집단은 문화콘텐츠를 디지털 내용물로 간주하는 협소한 인식체계에 고정시키지 않았다. 원래 문화콘텐츠는 뉴미디어와 영상미디어 기반의 온라인콘텐츠와 디지털콘텐츠만이 그 범주에 속했지만, 이후 박물관 · 테마파크 · 축제 같은 공간형 콘텐츠[31] 개념이 제시되는 가운데 '문화콘텐츠는 디지털은 물론 비디지털도 포함된다'는 포괄적인 콘텐츠담론을 형성하게 된다.

그러나 이러한 변증법적 구조 속에서 발전된 문화콘텐츠의 포괄적 개념이 사회 저변에 공감대를 형성하고 있어도 정부는 여전히 '문

---

31) 태지호, 앞의 책, xvi쪽.

〈표 4〉 문화체육관광부의 2018년 문화콘텐츠 관련 조직구성 주요 업무표[32]

국	과	주요 업무
콘텐츠 정책국	문화산업정책과	문화산업 진흥 관련 제반사항
	영상콘텐츠산업과	영화, 비디오물, 애니메이션, 캐릭터 산업 관련 제반사항
	게임콘텐츠산업과	게임물, 게임 산업 관련 제반사항
	대중문화산업과	음악 · 만화 · 대중문화예술 · 패션 · 엔터테인먼트 산업 관련 제반사항
저작권국	저작권정책과	문화콘텐츠 저작권정책 관련 제반사항
	저작권산업과	문화콘텐츠 저작권산업 활성화를 위한 제반사항
	저작권보호과	문화콘텐츠 저작권보호 관련 제반사항
	문화통상협력과	문화체육관광 통상 관련 제반사항
미디어 정책국	미디어정책과	문화미디어산업 정책 관련 제반사항
	방송영상광고과	방송영상산업, 광고산업 관련 제반사항
	출판인쇄독서진흥과	출판인쇄산업 관련 제반사항

화콘텐츠의 활로는 디지털콘텐츠가 되어야 한다'는 방향성을 일관되게 추구한다. 이는 현재 문화체육관광부 문화콘텐츠 담당부서의 업무 내용에서도 고스란히 드러난다.

위 표의 내용을 보면, 대중문화산업 일부와 출판인쇄산업을 제외한 나머지는 거의 대부분 디지털 기반의 콘텐츠 육성에 관한 사항이라 할 수 있다. 정부는 관련법이 시행된 1999년부터 지금까지 디지털을 중심으로 한 콘텐츠 육성의 정책기조를 단 한 번도 변경한 적이 없

---

32) 문화체육관광부 공식 홈페이지, 문체부 소개, 조직안내, 본부 내용 재구성. http://www.mcst.go.kr/web/s_about/organ/main/mainOrgan.jsp, 검색일자: 2017년 11월 12일.

다. 디지털 매체를 앞세운 정부의 문화콘텐츠권력이 통치, 지리, 목적, 매체 전반에서 절대적인 영향력을 행사할 정도로 강하다는 것이 확인된다. 그럼에도 최근 추진하고 있는 관광정책국 국내관광진흥과의 '지역관광콘텐츠 육성 및 활성화' 관련 업무는 비록 문화콘텐츠정책 차원에서 이루어지는 것은 아니지만 차후 문화콘텐츠의 매체적 측면에서 비디지털의 성장을 기대해볼 만한 부분이다.

마지막으로, 문화콘텐츠의 권력적 좌표 중 '계층'을 볼 때 문화콘텐츠는 '엘리트'[33]와 '대중'의 관계에서 권력구조를 형성하게 하고, 권력구조에 포함되지 않는 '민중'은 불평등을 경험한다. 그 원인을 보면, 엘리트가 문화콘텐츠를 일방적으로 생산하고 대중은 엘리트에 의해 생산된 문화콘텐츠를 일방적으로 소비만 하는 구조를 이룬다. 이 구조를 바탕으로 엘리트와 대중은 생산·소비관계를 형성하게 되는데, 여기서 민중은 이러한 관계에조차 포함되지 않는 문화콘텐츠 소외집단이 되기 때문이다.

현대사회를 크게 엘리트, 대중, 민중으로 구성된 계층사회[34]로 이해하자. 여기서 오늘날 민중은 기본적으로 권력 밖에 위치하면서 민주주의를 발전시킨 역동적 주체라는 유동적인 특성을 가진 집단으

---

33) 현대적 엘리트론에서는 엘리트를 크게 '파워엘리트'와 '다원적 엘리트'로 구분한다. 여기서 전자는 거대조직의 최고수장, 기업의 CEO, 공적기관의 기관장 등을 말하며, 후자의 경우에는 엘리트가 다양한 차원에서 세분화되어(네이버지식백과 사회학사전, "다원적 엘리트주의", 2017) 있다. 예를 들면 엘리트는 정치적 엘리트, 경제적 엘리트, 문화적 엘리트, 학문적 엘리트 등과 같이 다원화를 이룬다는 것이다. 다원적 엘리트론에 따르면 문화콘텐츠 측면에서도 문화콘텐츠적 엘리트를 규정하는 것이 가능하다.

34) 산업사회에 이르면 가계에 따른 중세적인 계급제도는 무너지나, 다른 변수에 의해 일정한 계층을 이루게 된다. 정치적인 권력이나 경제적인 금력, 문화적인 생산력이 변수로 작용되어 엘리트·대중·민중으로 계층이 분화된다(임재해, 앞의 책, 1986, 16쪽).

로 간주하지만, 한편 '경제적 빈곤계층'[35]으로 간주하기도 한다. 여기
서는 후자의 민중 개념을 적용해서 대상을 살펴보겠다.

「문화산업진흥기본법」과 「콘텐츠산업진흥법」에 따른 문화콘텐
츠의 생산주체는 엘리트다. 문화콘텐츠 생산주체로서 엘리트는 문화
콘텐츠 개발에 요구되는 고도의 전문지식을 습득한 권력집단이다. 오
늘날 문화콘텐츠로 가장 익숙하게 인식되는 게임, 애니메이션, 영화
등은 엘리트에 의해 생산된다. 대중은 이렇게 생산된 것들을 주로 소
비하는 역할을 한다. 사실 엘리트는 상품성 문화콘텐츠의 기획 단계
부터 소비군중인 대중을 겨냥하게 되고, 대중은 자신들이 직접 만들
지 못하는 문화콘텐츠를 돈을 주고 구입한다.

게임, 애니메이션, 영화는 엘리트가 자신들의 권력에 종속된 대
중을 겨냥해 만든 상품이다. 경제적 빈곤층으로서의 민중은 문화콘텐
츠의 권력구조에 포함되지 않는 문화콘텐츠 소외집단이다. 민중은 최
신 문화콘텐츠상품을 대중처럼 구매할 여력이 없다. 문화콘텐츠의 권
력집단인 엘리트는 대중에게 문화콘텐츠를 판매하는 데 관심을 가질
뿐 민중의 문화콘텐츠 소외문제에는 관심이 없다. 이러한 현실에서
경제적 빈곤계층으로서의 민중은 최신영화를 보기 위해 극장에 갈 욕
심을 내는 것보다 오히려 식비와 세금을 아낄 욕심을 내는 것이 낫다
고 생각할 것이다.

지금까지 논의한 내용을 종합해볼 때, 우리에게 편하게 인식되는

---

35) 임재해는 오늘날 도시에 사는 민중을 "도시 주변부에 거주하며, 경제적으로 빈곤하고 일정한
    직업이 없거나 사람들이 기피하는 직업에 종사하는 도시사회의 소외된 사람들"로 규정했다.
    그리고 그에 대한 구체적인 예로 달동네의 빈민과 노숙자, 노점상들, 날품팔이꾼들, 접대부들,
    성매매자들을 제시했다(임재해, 「도시 속 민속문화의 전승양상과 도시민속학의 새 지평」, 『실
    천민속학연구』 9, 실천민속학회, 2007, 35쪽).

문화콘텐츠인 상품성 문화콘텐츠는 권력 안의 요소가 집중적으로 수혜를 입음으로써 권력 밖의 요소가 불평등을 경험하는 것으로 나타난다. 그에 따른 갈등 양상을 보면, 먼저 통치적 측면에서는 권력 안의 정부와 권력 밖의 지자체가 갈등하는 양상을 보인다. 그리고 지리적 측면에서는 권력 안의 수도권과 권력 밖의 지방, 목표의 측면에서는 권력 안의 경제와 권력 밖의 문화, 매체의 측면에서는 권력 안의 디지털과 권력 밖의 비지디털, 마지막으로 계층의 측면에서는 권력 안의 엘리트와 권력 밖의 민중이 갈등하는 양상을 보인다. 그렇다면, 결과적으로 상품성 문화콘텐츠에 나타나는 기본 권력구조는 '문화콘텐츠에 의해 형성된 권력의 안과 밖이 문화콘텐츠로부터 비롯된 불평등한 현실의 국면들을 중심에 두고 갈등하는 구조'를 이루고 있는 것으로 귀결된다.

사회문화적 측면에서 문화콘텐츠의 바람직한 발전과정은 이러한 갈등을 해소해나가는 과정이라 할 수 있다. 그러나 염두에 두어야 할 것은 권력에 종속된 집단의 불평등 해소를 위해 현재의 구조화된 권력상태를 '전도'시키는 방법은 결코 바람직하지 않다. 문화콘텐츠의 권력구조적 불평등에 따른 갈등문제는 기본적으로 권력집단의 '권력과잉'으로부터 비롯된 문제다. 구조적으로 양분된 권력상태를 전도시키는 것은 피권력집단이 권력집단으로 탈바꿈하는 것으로, 이것은 또 다른 권력과잉을 초래하게 될 것이다. 그로 인해 문화콘텐츠에 제2의 권력구조적 불평등과 그에 따른 갈등이 형성될 것이 분명하다.

권력은 우리 가까이에 언제 어디서나 항상 존재한다. 그리고 사회가 형성되어 있는 한 권력이라는 것은 제거할 수도 없다. 특히, 권력 자체가 나쁘다는 것은 성립할 수 없다. 권력이 그동안 사회의 문법으로 활용되어온 가운데 올바른 권력행사를 통해 안정된 사회구조를 형성한 사례들이 광범위하게 나타나기 때문이다. 그렇다면, 문화콘텐츠의 권력구조적 불평등 해소방안을 모색할 때는 필연적으로 주어질 수밖에 없는 문화콘텐츠 권력을 '평등'하게 적용하는 방안을 찾는 쪽으로 나아가는 것이 바람직하다. 왜냐하면 이 장의 기본시각인 민중적 시각은 궁극적으로 불평등을 비판하고, 그 대안을 평등으로 설정하기 때문이다.

오랜 과거부터 현재까지 민중은 민중적 시각에 입각한 문화콘텐츠 연행을 통해 부당한 현실을 비판하는 데 머물지 않고, 나아가 바람직한 미래사회의 방향을 제시하는 데까지 도달했다. 여기서 바람직한 미래사회의 방향은 지배계급과 차별이 없는 '평등사회'로 가는 것이었다. 즉, 피지배계급이 지배계급과 싸워 이겨 자신들이 지배계급이 되려는 급진적인 결과를 추구하지 않았다.

가령, 전통사회의 민중은 공연콘텐츠인 판소리, 탈춤, 꼭두각시 놀음을 통해 중세의 대표적인 지배이념인 지배계급의 관념적 허위, 신분적 특권의 잘못, 남성의 횡포라는 중세의 대표적인 지배이념들을 차례로 거부하고, 관념과 현실의 일치, 지배와 피지배의 부정, 남성과 여성의 동등을 이루어야 한다는 인간세계의 평등 가치를 추구했다.[36] 또한, 현대사회의 민중도 영상콘텐츠인 민중영화, 음악콘텐츠인 민중음악, 출판콘텐츠인 민중서적, 전시콘텐츠인 민중혁명기념관 같은 다

---

36) 조동일, 「카타르시스 · 라사 · 신명풀이의 비교 검토」, 『탈춤의 원리 신명풀이』, 지식산업사, 2006, 312쪽.

양한 민중문화콘텐츠[37]를 향유함으로써 미래사회의 바람직한 방향을 인간해방의 핵심가치인 '평등'으로 설정하고 있다.

문화콘텐츠의 권력구조에 나타나는 대립요소 사이의 평등추구는 넓게 보면 문화콘텐츠에 평등이라는 인간해방의 핵심가치를 적용하는 것이다. 결과적으로 이것은 문화콘텐츠로부터 형성된 정부와 지자체, 수도권과 지방, 경제와 문화, 디지털과 비디지털, 엘리트와 민중의 관계가 권력적으로 평등한 관계를 이루게 하여 문화콘텐츠의 바람직한 미래방향을 설정하는 노력이라 할 수 있다.

---

37) 김진형, 앞의 논문, 2017, 7쪽.

2장

문화콘텐츠의
인식 확장과
생산·소비 메커니즘

1.
문화콘텐츠의 통시적 인식과 그 확장성

학문의 탐구대상 중에 '개념'과 '용어'가 있다. 개념은 어떤 존재를 체계화한 관념이며, 용어는 그 개념의 사회적 공유를 위한 장치다. 용어는 길고 상세한 개념의 공유 확산을 위해 사회 안에 약속된 단어다. 그런데 용어에 대한 개념은 여럿으로 정의될 수 있다. 왜냐하면 사람들은 용어를 두고 끊임없이 재해석하여 논증에 입각한 여러 결과를 내놓기 때문이다. 그런데 주목할 것은 하나의 용어에 여러 개념이 정의되었다면 그에 상응하는 실체인식도 다양해진다는 점이다.

용어, 개념, 실체의 관계를 문화콘텐츠에 적용해볼 때, '문화콘텐츠'라는 용어에 대한 개념은 현재 다양하게 정의되고 있다. 그 개념의 다양성 때문에 문화콘텐츠에 대한 인식도 다양한 양상을 보인다. 가령, 문화콘텐츠를 두고 정부가 정의한 법률적 개념을 따르는 사람들은 '디지털상품' 정도로만 인식하는가 하면, 지역의 문화기획자 또는 인문콘텐츠학계에서는 개념을 확장하여 '문화가 매체에 담긴 결과물'

전반으로 인식하기도 한다. 여기서 문제가 되는 것은 후자가 문화콘텐츠 인식의 다양성을 확보하고는 있지만, 전자처럼 현재의 것만 문화콘텐츠 결과물로 받아들이는 횡적 차원의 인식에 머물고 있다는 점이다.

문화현상의 실체를 인식할 때는 '횡적 차원'과 '종적 차원'을 함께 인식하는 것이 기본이다. 여기서 전자는 현재 양상에 대한 공시적(共時的) 인식, 후자는 과거와 현재 양상에 대한 통시적(通時的) 인식이다.[1] 이러한 두 가지 인식을 바탕으로 문화현상의 실체를 탐구하면, 과거부터 현재까지 포괄하여 총체적으로 이해할 수 있다. 이는 문화콘텐츠를 인식할 때도 예외가 아니다. 왜냐하면 문화콘텐츠는 오늘날 한국문화에 큰 영향력을 발휘하는 문화현상이자 문화적 결과물로 역사성이 있기 때문이다.

'문화가 매체에 담긴 결과물'이라는 문화콘텐츠의 확장된 개념을 적용하여 횡적 차원에서 실체를 인식하면, 현실에 존재하는 문화콘텐츠 대상을 매우 다양하게 인식할 수 있다. 그리고 횡적 차원에서 이러한 인식을 따랐을 때, 비로소 종적 차원에서 문화콘텐츠의 실체에 대한 통시적 인식이 가능해진다. 왜냐하면 정부에 의해 규정된 법률적 개념은 문화콘텐츠를 오늘날 만들어진 결과물로만 간주하는 횡적 차원의 인식밖에 할 수 없다. 그에 비해 확장된 문화콘텐츠 개념은 이것이 오늘날 갑자기 생겨난 것이 아니라, 오랜 과거부터 있어왔던 것이

---

1) '공시'란 서로 관련을 맺고 있는 요소들이 함께 존재하며 같이 인식되는 시간을 가리키는 개념이다. 그리고 '통시'는 어떤 요소의 변화를 일으키며 이어지는 시간의 개념이다(주경복, 『레비스트로스: 슬픈 열대와 구조주의자의 길』, 건국대학교출판부, 1996, 56-57쪽). 따라서 공시는 횡적 차원의 개념이며, 통시는 종적 차원의 개념이라 할 수 있다.

라는 종적 차원의 인식을 가능하게 만든다. 필자는 여기에 주목하고
이를 논의의 기본시각으로 설정하겠다.

이 장의 핵심은 문화콘텐츠의 인식을 확장하여 문화콘텐츠가 유
형적으로 확대되는 과정을 밝히고, 나아가 문화콘텐츠의 생산·소비
메커니즘을 진단해보는 것이다. 그 결과를 통해 현대의 문화콘텐츠가
공동체적으로 발전하는 데 필요한 기본방향을 도출한다.

논의를 전개하기 위해 먼저, 문화콘텐츠 인식 확장에 대한 필요
성과 의의를 밝힌 뒤 이를 토대로 통시적 차원에서 문화콘텐츠 유형
이 확대되는 과정을 도출한다. 다음으로 전통과 현대의 문화콘텐츠
생산·소비 형태를 체계적으로 도출한 뒤, 그 결과를 활용하여 전자
와 후자의 생산·소비 메커니즘을 체계적으로 비교분석한다. 마지막
으로 분석결과를 바탕으로 현대사회 문화콘텐츠의 공동체적 발전방
향을 거시적 차원과 미시적 차원에서 체계적으로 제시하고자 한다.

2.
문화콘텐츠의 인식 확장과
유형적 확대과정

인문콘텐츠학계는 그동안 문화콘텐츠 개념을 다양하게 정의해왔
다. 이들은 문화콘텐츠라는 존재 자체를 하나의 학술적 연구대상으로
삼았다. 이 과정에서 우리는 문화콘텐츠를 두 차원의 내용물로 인식
하기에 이르렀다. 첫째로 '디지털 내용물', 둘째로 '문화를 담은 내용
물'이 그것이다.

이 두 인식에 따르면, 전자는 좁은 의미를 가지고 후자는 상대적
으로 넓은 의미를 가진다. 문화＋콘텐츠로 구성된 용어에서 콘텐츠를
형이상학적 차원의 '무엇을 담는 그릇'으로 본다면, 전자는 문화의 일
부인 디지털만 담은 것이지만, 후자는 문화의 전부인 디지털과 비디
지털을 모두 담은 것이기 때문이다. 이러한 의미에 따라 이 장에서는
전자를 협의적 개념, 후자를 광의적 개념으로 규정하겠다.

여기서 전자는 사람들에게 문화콘텐츠의 실체를 디지털사회로

진입한 오늘날 새롭게 형성한 것으로 인식시킨다. 그러나 후자의 경우에는 사람들에게 그 실체를 오랜 과거부터 지속되어온 것으로 인식시킬 수 있는 근거가 되는데도 사람들은 실상 그렇게 인식하지 않는다. 사람들은 문화콘텐츠라는 것을 전자든 후자든 오늘날 새롭게 등장한 것이라는 '고정된 인식'에 머물고 있다. 그 이유는 문화콘텐츠의 광의적 개념을 따랐을 때는 종적 차원의 인식이 가능함에도 오직 횡적 차원의 인식만 가능한 협의적 개념에 따른 실체인식을 문제의식 없이 그대로 수용해버리기 때문이다.

　문화콘텐츠가 오늘날 새롭게 등장한 것이라고 인식하는 것은 그 용어가 현대사회 들어 성립되었다고 생각하기 때문이다. 그러나 용어에 대한 실체를 인식할 때는 용어가 성립된 시기의 것만 인식하지 않을 수도 있다. 가령, 민속학 관련 용어로서 '민속극'이 가리키는 실체는 용어의 성립시기부터 지금까지 국한된 것이 아니라, '민중의 연극'이라는 민속극의 개념에 입각해 오랜 옛날에 연행된 대상까지 모두 범주화하기 때문이다. 또 하나의 예로, 최근 문화학에서 사용되는 '하이브리드문화'의 경우 용어는 최근에 성립되었지만 개념은 '서로 다른 문화들이 결합하여 만들어진 새로운 문화'라는 넓은 정의이기에 그 실체는 전통사회의 하이브리드한 문화까지 모두 포함할 수 있다. 그러므로 광의적 개념에 입각해 문화콘텐츠의 실체를 인식할 때는 반드시 종적 차원의 인식을 통해 오랜 과거의 대상까지 포함해서 인식하는 포괄적인 인식체계를 갖추어야 한다.

　문화콘텐츠의 광의적 개념은 문화콘텐츠를 종적 차원까지 인식하게 만들어 그 인식영역을 '전통사회'로 거슬러 올라갈 수 있게 한다. 이러한 인식영역 확장의 논리는 문화콘텐츠의 역사적 기원과 분석대상을 확장시킬 수 있는 핵심적인 근거가 된다. 이에 따라 우리나라 문화콘텐츠의 실체를 종적으로 인식하면, 역사적 시대구분에 따른 문화콘텐츠 유형의 확장 양상을 포착할 수 있다.

우리나라의 역사적 맥락에서 문화콘텐츠를 볼 때, 상고시대 이전은 축제콘텐츠가 독자적으로 전승된 시기다. 이 시기는 혈연집단을 기초로 하는 원시공동체사회였다. 이때의 사회구성원은 수렵활동을 하며 공동체적 삶을 사는 과정에서 다양한 놀이를 즐겼다. 그런데 이때 즐겼던 놀이는 단순한 놀이가 아니라 주술성을 발휘하는 축제이기도 했다. 놀이와 축제의 관계는 근본적인 성질상 매우 가깝다[2]는 호이징하의 주장에 입각해보면, 이때 행해진 놀이는 곧 축제콘텐츠였다고 할 수 있다. 당시의 축제콘텐츠는 놀이와 구분하지 않았다.

상고시대부터 조선 후기까지는 축제콘텐츠와 공연콘텐츠가 양립해서 전승된 시기다. 이 두 콘텐츠 유형의 전승 양상은 크게 두 가지 차원으로 나타났다. 먼저 축제콘텐츠 안에 공연콘텐츠가 귀속된 양상이다. 이는 축제적 시공간 안에서 다양한 내용의 공연을 연행하는 과거와 현재의 굿문화 전통에서 확인된다. 대표적인 예로 현재까지도 동해안 일대에서 활발히 전승되는 세습무 주도의 별신굿을 거론할 수 있다. 이 굿은 상고시대의 나라굿인 제천의식[3]의 문화적 전통이 변화하면서 지속되고 있는 사례다.

다음으로 공연콘텐츠만 독자적으로 연행된 양상이다. 이것은 삼

---

[2]   요한 호이징하 지음, 이윤수 옮김, 『호모루덴스』, 까치, 2014, 39쪽.

[3]   조정현, 『별신굿의 전승력과 축제적 연행의 원형』, 안동대학교 박사학위논문, 2007, 19쪽.

〈그림 1〉 중국 사신 영접행사의 산악백희 공연 장면[4]

국시대부터 조선시대까지 지속된 산악백희(散樂百戲)[5] 공연에서 확인된

다. 산악백희는 기본적으로 중국 사신 영접행사, 나례, 왕의 환궁행

사, 과거급제자 축하잔치, 궁중연희, 관아행사[6]에서 주로 베풀어진

공연이다. 그러나 산악백희가 순수 공연목적으로만 연행된 것은 아니

었다. 한 예로 신라시대와 통일신라시대의 불교식 축제콘텐츠인 팔관

---

4) 아극돈, 『봉사도』, 1725, 제7폭.

5) 산악백희란 한국, 중국, 일본 등 동아시아 국가들이 공동으로 보유한 연희유산으로, 전문공연
    집단에 의해 연행되는 종합공연예술로 규정하고 있다. 산악백희의 대표적인 공연유형으로는
    곡예(曲藝)와 묘기(妙技), 동물가면희(動物假面戲), 우희(優戲), 환술(幻術), 가무희(歌舞戲)
    악기연주 등이 있었다(전경욱, 『한국의 전통연희』, 학고재, 2006, 14-15쪽).

6) 위의 책, 25-26쪽.

회에서도 산악백희[7]가 공연되었다. 산악백희는 축제콘텐츠에 공연콘텐츠가 귀속된 양상과 공연콘텐츠만 독자적으로 연행된 양상이 모두 나타났던 것이다.

구한말부터 일제강점기 초까지는 문화콘텐츠의 '상품화'가 이루어지면서 공연콘텐츠가 장르적으로 확장된 시기다. 상고시대부터 조선 후기까지 우리나라의 공연콘텐츠는 국가, 고을, 마을을 대상으로 사회문화적 기능을 발휘하면서 상품화와는 무관하게 전승되었다. 그러다가 구한말과 일제강점기 사이에 상업극장이 발달하면서 러시아, 중국, 일본을 통해 서커스, 경극, 신파극 등 새로운 공연콘텐츠 장르가 수입되어[8] 상품으로 공연되었다. 이 시기에 이루어진 공연콘텐츠의 상품화는 우리나라 문화콘텐츠가 산업화되는 시발점으로 볼 수 있다.

일제강점기는 문화콘텐츠의 유형적 전승의 축이 양대 축에서 삼각 축으로 확장된 시기다. 그동안 전승된 축제＋공연의 양대 축이 이 시기에 접어들어 축제＋공연＋전시의 삼각 축으로 확장되었다. 일제강점기 당시 조선총독부는 식민통치가 낳은 발전상을 증명하기 위해 전시콘텐츠를 성립시켰는데, '조선물산공진회'와 '조선박람회'가 그것이다.[9] 원래 이 두 전시콘텐츠는 일시적으로만 운영된 콘텐츠였다. 그러나 이때 수집된 전시물품들이 총독부 차원에서 수집한 유물과 함

---

7) 위의 책, 121쪽, 143-152쪽.

8) 윤광봉, 『한국연희예술사』, 민속원, 2016, 869쪽; 신근영, 「일제 강점 초기 곡마단의 연행 양상」, 『남도민속연구』 27, 남도민속학회, 2013, 118쪽.

9) 최석영, 『한국박물관 100년 역사: 진단&대안』, 민속원, 2008, 22쪽.

께 박물관과 미술관으로 옮겨지면서[10] 상시적으로 운영되는 전시콘텐츠가 되었다.

현대사회는 문화콘텐츠 유형의 증가에 가속도가 붙은 시기다. 그 원인은 사회구성원의 문화소비 욕구증가와 디지털매체의 발달 때문이다. 현대사회의 구성원은 경제수준과 문화수준이 동시에 상승하면서 문화를 최대한 다양하게 향유하려는 욕구를 드러낸다. 이를 충족시키고자 문화기획자와 문화산업계는 교육, 테마파크, 캐릭터, 식품, 출판 같은 비디지털콘텐츠 유형과 게임, 영화, 애니메이션, 모바일,

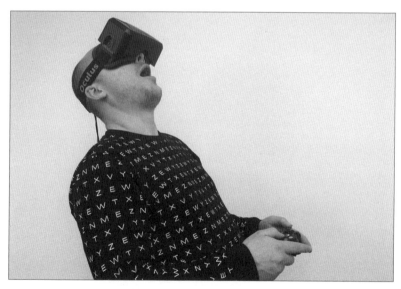

〈그림 2〉 VR콘텐츠에 몰입하고 있는 체험자[11]

---

10) 위의 책, 25-28쪽.

11) 사진 출처: 「VR콘텐츠, 어떤 것들이 있을까」, 『네이버 포스트』, 2017년 4월 7일자, http://post. naver.com/viewer/postView.nhn?volumeNo=7106520&memberNo=36946283&vType=VER-TICAL

가상현실(VR), 증강현실(AR) 같은 디지털콘텐츠 유형을 새롭게 성립시켰다. 여기서 디지털콘텐츠는 비디지털콘텐츠와 달리 무한 복제가 가능하고 가상의 디지털공간에서 유통되므로 유통속도도 매우 빠르며, 단기간에 경제적으로 고부가가치를 창출할 수 있다. 현대사회의 문화콘텐츠 유형은 과학기술의 발달과 함께 계속 증가할 것이다.

3.
전통과 현대의 문화콘텐츠
생산 · 소비 형태와 메커니즘

1) 전통과 현대의 문화콘텐츠 생산 · 소비 형태

전통사회가 계급사회였던 데 비해 현대사회는 계층사회다. 여기서 '계급'은 사회제도에 의해 변하지 않는 신분, '계층'은 변할 수 있는 사회적 지위를 말한다. 그런 점에서 계급사회는 신분이 고정화된 사회이며, 계층사회는 얼마든지 지위가 변할 수 있는 사회다. 이 차이 때문에 전통과 현대는 문화콘텐츠의 생산 · 소비 형태가 각각 다르다. 구체적으로 보면, 전통사회는 지배계급과 피지배계급의 관계 속에서 문화콘텐츠의 생산 · 소비 형태가 다양하게 나타난다. 그에 비해 현대사회는 지배계층과 피지배계층이라는 관계가 형성되어 있음에도 문화콘텐츠의 생산과 소비 형태는 대체로 고정화된 양상으로 나타나게 마련이다.

먼저, 전통사회의 문화콘텐츠 생산·소비 형태는 크게 네 가지로 구분된다. 첫째로 지배계급과 피지배계급이 함께 생산하고 소비하는 형태다. 이 형태는 상고시대의 제천의식,[12] 신라시대와 통일신라시대의 팔관회·연등회에서 나타난다.[13] 이러한 형태의 문화콘텐츠는 제정일치시대의 지배계급인 사제집단, 불교시대의 지배계급인 승려집단이 생산을 총괄했고, 피지배계급인 일반백성도 생산에 적극적으로 참여했다. 이렇게 만들어진 문화콘텐츠는 두 계급이 함께 소비했다.

둘째로 지배계급이 생산하고 소비하는 형태다. 이 형태는 삼국시대부터 조선시대까지 지속적으로 전승되어온 왕실과 양반 주도의 산악백희를 비롯하여 조선왕실의 궁중연희 등의 문화콘텐츠에서 나타난다. 여기서 언급한 산악백희와 궁중연희는 지배계급의 여러 정치적 목적을 달성하고자 양반 또는 왕실의 궁중연희 담당 관리들[14]이 생산했다. 이를 생산한 양반과 왕실관리들은 왕을 비롯하여 자신들의 지위와 버금가는 지배계급과 함께 소비했다.

셋째로 지배계급의 개입을 통해 피지배계급이 생산하고 두 계급이 함께 소비하는 형태다. 이 형태는 조선 후기에 성립된 문화콘텐츠인 판소리에서 나타난다. 판소리를 생산한 소리광대는 소리판에서 자신이 연습한 각종 판소리 대목을 불렀고, 이는 소리판에 모인 피지배

---

12) 조정현, 앞의 논문, 19쪽.

13) 이윤수, 『연등회의 역사와 문화콘텐츠』, 민속원, 2014, 305쪽.

14) 조선시대는 궁중연희 담당관청으로 '장악원'을 운영했다. 『경국대전』에는 장악원에서 연희의 교육, 연주, 감독을 담당하는 관직이 품계별로 제시되어 있다. 내용에는 정6품 전악(典樂) 1명, 종6품 부전악(副典樂) 2명, 정7품 전율(典律) 2명, 종7품 부전율(副典律) 2명, 정8품 전음(典音) 2명, 종8품 부전음(副典音) 4명, 정9품 전성(典聲) 10명, 종9품 부전성(副典聲) 23명으로 제시되어 있다(이정희, 「조선시대 장악원 전악의 역할」, 『한국음악연구』 40, 한국국악학회, 2006, 281-283쪽).

계급인 민중이 주로 소비했다. 원래 판소리는 피지배계급이 생산하고 소비하는 형태였다. 그런데 양반이 판소리 애호가로 가세하면서 판소리의 생산과 소비에 적극 개입함으로써 두 계급이 생산과 소비를 함께하는 양상으로 변화되었다.[15]

넷째로 피지배계급이 생산하고 소비하는 형태다. 이 형태는 민중이 주도하는 마을굿에서 나타난다. 전통사회의 피지배계급인 민중은

〈그림 3〉 19세기 판소리 명창 모흥갑의 판소리 공연 장면[16]

---

15) 판소리는 전승의 특징에 따라 크게 형성기, 전성기, 변모기로 나눈다. 여기서 형성기는 민중에 의해 형성된 시기로서 17세기부터 18세기 초반까지다. 그리고 전성기는 판소리의 애호층에 양반이 가세한 시기로서 18세기 중반부터 19세기 초반까지다. 마지막으로 변모기는 판소리가 양반의 교양으로 자리 잡은 시기로서 19세기 중반이다(유영대, 「판소리의 역사」, 『한국민속사입문』, 지식산업사, 1999, 571-584쪽 참조). 이러한 시기 구분을 통해 판소리 생산·소비 형태의 변화 양상을 유추할 수 있다.

16) 「평양감사 환영연도」, 서울대학교 박물관 소장.

마을굿이라는 시공간 안에서 풍물놀이와 탈놀이[17] 등의 공연콘텐츠를 생산했다. 민중에 의해 생산된 이와 같은 문화콘텐츠는 소비 또한 민중이 했다. 그리고 이것을 소비한 민중은 재생산 활동을 통해 계승의 주체가 되었다. 굿문화를 체험한 소비자가 자신의 문학적 상상력을 동원하여 굿문화의 내용을 풍성하게 만드는 창조적 재생산도 수행했기 때문이다.

여기서 첫째, 셋째, 넷째의 형태는 전통사회의 대다수인 피지배계급이 소비 또는 생산 · 소비에 적극적으로 참여한 보편적인 형태이며, 둘째의 경우에는 전통사회의 소수인 지배계급에 의해서만 생산 · 소비된 특수한 형태로 볼 수 있다. 여기서 전통사회의 문화콘텐츠 생산 · 소비방식을 대변할 수 있는 형태가 둘째를 뺀 나머지 형태임을 알 수 있다.

다음으로, 현대사회는 문화콘텐츠의 생산 · 소비 형태가 과거와 달리 고정화된 양상으로 나타나는 사례가 매우 많다. 지배계층이 생산한 것을 피지배계층이 주로 소비만 하는 형태가 그것이다. 이는 전통사회에서는 나타나지 않은 새로운 형태다. 현대사회 문화콘텐츠에서 이러한 형태가 나타나는 원인의 핵심은, 과거와 달리 문화콘텐츠가 공동체사회를 벗어났고 경제적 교환가치를 지닌 상품으로도 판매되기 때문이다. 대표적인 예로 공연상품을 비롯하여 영화, 게임, 애니메이션 같은 디지털콘텐츠가 거론된다.

현대사회에서 우리가 흔히 문화콘텐츠로 인식하는 것들을 생산하는 주체는 공연기획자, 영화감독, 게임개발자, 애니메이션 제작자,

---

17) 조동일, 『탈춤의 원리 신명풀이』, 지식산업사, 2006, 22쪽.

〈그림 4〉 영화관을 통해 엘리트가 생산한 영화를 감상 중인 대중[18]

캐릭터 제작자 등이다. 이들은 사실 고도화된 전문지식을 습득한 '엘리트'로서 문화적 지배계층으로 일컫는다. 이에 대한 소비자는 오늘날 엘리트에 상대되는 개념인 '대중'으로, 현대사회의 문화콘텐츠 소비군중이자 문화적 피지배계층으로 일컬어지기도 한다. 일반적으로 엘리트는 특정영역에서 우월한 지위와 영향을 행사하는 소수를 의미하며, 대중은 엘리트의 영향력에 수동적인 대상이 되는 개별 인간의 집합체로 본다.[19] 이 개념에 따라 현대사회 문화콘텐츠의 생산 · 소비 형태를 보면, 문화콘텐츠사업에서의 엘리트는 전문지식을 바탕으로 문화콘텐츠를 만들어 대중사회에 제공함으로써 대중에게 문화적으로

18) 사진 출처: 「국민 1인당 3.8회 영화관 나들이… 전년比 22%↑uc0」, 『기독일보』, 2013년 1월 28일자, http://www.christiandaily.co.kr/news/.

19) 성해영, 「정치엘리트와 대중의 관계」, 『고시계』 464, 고시계사, 1995, 340쪽.

우월적인 영향력을 행사한다. 이때 대중은 엘리트의 우월적인 영향력 아래에서 문화콘텐츠를 소비하는 주체가 된다. 여기서 문제는 대중이 엘리트가 생산한 문화콘텐츠를 소비하는 것에만 머무르는 데 익숙하다는 점이다. 만약 대중이 문화콘텐츠 분야의 고도화된 전문지식을 체계적으로 습득하여 문화콘텐츠를 생산하는 데까지 이르렀다면, 이는 사실 '대중이 엘리트로 전환된 것'이라 할 수 있다.

2) 전통과 현대의 문화콘텐츠 생산·소비 메커니즘

모든 사물은 존재를 가능하게 하는 작용원리인 메커니즘[20]이 있다. 그렇다면 문화콘텐츠의 생산·소비 메커니즘은 문화콘텐츠의 생산과 소비에 관한 상호작용 원리라 할 수 있다. 이에 대한 파악은 문화콘텐츠가 만들어지는 사회문화적 맥락 속에서 진행되는 것이 기본이다. 왜냐하면 문화콘텐츠는 '사회'라는 영역 안에서 생산·소비되는 문화적 결과물이기 때문이다. 이러한 맥락에서 생산방식, 생산기간, 소비방식, 공유방식, 생산과 소비의 상호관계, 기능 등을 파악했을 때 메커니즘 분석의 체계화를 이룰 수 있을 것이다. 이에 따라 본 메커니즘을 파악하고 비교작업을 수행하겠다.

먼저, 전통사회의 문화콘텐츠 생산·소비방식을 대변할 수 있는

---

20) 「메커니즘」, 『네이버지식백과, 이해하기 쉽게 쓴 행정학용어사전』, 2016. https://terms.naver.com/entry.nhn?docId=659598&cid=42152&categoryId=42152

형태는 ① 지배계급과 피지배계급이 함께 생산하고 소비하는 형태, ② 지배계급의 개입을 통해 피지배계급이 생산하고 두 계급이 함께 소비하는 형태, ③ 피지배계급이 생산하고 소비하는 형태 등 세 가지다. 이러한 형태를 띠는 문화콘텐츠의 구체적인 사례를 다시 정리하면, ①은 나라굿과 팔관회·연등회, ②는 판소리, ③은 마을굿이다.

나라굿과 팔관회·연등회는 그 내용을 왕실집단과 승려집단이 독자적으로 만든 것이 아니라, 오랜 기간에 걸쳐 백성과 함께 만들어 나갔다. 왕과 승려가 백성에게 이와 같은 문화콘텐츠를 체험시키는 이유는 왕권 강화와 국가공동체 구성원의 결속[21]을 도모하는 것이었다. 그래서 왕과 승려는 백성에게 경제적 대가를 받지 않고 이러한 문화콘텐츠를 체험하게 했다. 또한 이러한 문화콘텐츠를 생산하는 주체인 지배계급으로서 왕과 승려, 피지배계급으로서 백성은 공동생산에서 나아가 공동소비를 했다.[22] 또한 이 두 계급은 소비활동에만 머물지 않고 오랜 기간 동안의 전승과정에서 시대적 상황에 맞게 콘텐츠 내용을 재생산해나가기도 했다.[23]

판소리는 소리광대들이 독자적으로 생산한 것으로 보일 수 있지만, 사실 그렇지 않다. 판소리의 내용구성은 크게 고정체계면과 비고정체계면[24]으로 구분된다. 여기서 전자는 변하지 않는 대목이고, 후자는 변하는 대목이다. 전자는 소리광대를 중심으로 생산되지만, 후자의 경우에는 소리판의 관중인 민중과 양반이 생산에 적극적으로 개

---

21) 구미래, 「팔관회의 국가축제적 성격」, 『한국종교민속시론』, 민속원, 2004, 130–134쪽.

22) 이윤수, 앞의 책, 305쪽 참조.

23) 위의 책, 306–307쪽 참조.

24) 장덕순·조동일·서대석·조희웅, 『구비문학개설』, 일조각, 2006, 219쪽.

입했다. 소리광대는 판소리의 소비자인 민중과 양반의 기대에 부응하기 위해 사회의 다양한 의식을 판소리에 풍자적으로 반영하여[25] 그 내용이 추구하는 사상과 가치를 공유했다. 그러므로 판소리는 개인작이라기보다 소리광대를 비롯하여 민중과 양반이 함께 만든 공동작에 가깝다고 할 수 있다.

과거 소리광대는 주로 판소리를 통해 생계를 유지했다. 하지만 판소리가 무대화되기 이전의 소리광대는 판소리 경창에 따른 경제적 대가를 희망했던 것일 뿐 그 대가의 지급은 청중의 자유에 맡겼다. 이는 소비자가 경제적 대가를 지급하지 않고도 소리판의 판소리를 얼마든지 들을 수 있었다는 것을 의미한다. 그리고 민중과 양반은 판소리의 소비과정에서 소리광대의 판소리 사설에 적극적으로 개입함으로써 판소리 내용을 변화시키는[26] 재생산자 구실까지 했다고 할 수 있다.

마을굿은 전통사회의 피지배계급에 해당하는 마을공동체의 민중이 오랜 기간에 걸쳐 함께 만들어나갔다. 마을공동체 차원의 제의적 행사를 크게 동제와 마을굿으로 나눌 때, 전자는 양반이 유교적 제사 절차에 따른 방식으로 생산과 소비를 주도적으로 이끌기도 했다. 이에 반해 후자는 양반의 참여 없이 민중이 전승주체가 되어 풍물놀이

---

25) 유영봉, 「판소리 사설의 풍자대상과 현실인식」, 인하대학교 석사학위논문, 2003, 74쪽.

26) 판소리는 형성기와 전성기에는 판소리 사설에 민중이 적극적으로 개입하여 지배체제를 풍자하고, 신분제도의 모순을 지적하며, 경제적 궁핍의 부당성을 폭로하는 등 민중의식을 강하게 드러냈다(유영대, 앞의 글, 574쪽). 그러나 19세기 중반에 이르러 판소리가 양반층의 교양문화로 자리 잡고 나서부터는 민중의식을 담은 사설이 정태적인 양반의식을 담은 사설로 대체되었다. 신재효에 의해 판소리 사설이 한문 투의 문장으로 대폭 바뀌며, 중세적 질서를 옹호하고 봉건체제의 상징인 충(忠)이나 효(孝), 열(烈) 등이 부각되었다(위의 글, 582쪽). 이를 통해 판소리의 전승주체인 민중과 양반이 판소리 사설을 재생산해나간 양상을 확인할 수 있다.

와 탈놀이를 동원해 주도적으로 이끌어나갔다.[27] 그리고 민중은 이러한 마을굿을 마을의 안녕과 민중공동체 내부의 응집력 강화를 위해[28] 무상공유 형태로 연행했다.

마을굿의 생산주체인 민중은 이를 공동으로 생산하고 공동으로 소비했다. 이들은 마을굿을 공동으로 소비하는 데 만족하지 않고, 현실의 불평등을 꾸짖은 다음 그에 대한 화해와 극복을 주문하는 변혁

〈그림 5〉 하회별신굿탈놀이 파계승마당의 공연 장면[29]

---

27) 조동일, 앞의 책, 21쪽 참조.

28) 임재해, 『민속문화론』, 문학과지성사, 1986, 67-68쪽.

29) 사진 제공: 안동축제관광재단 www.aftf.or.kr

의식을 마을굿의 탈놀이 내용에 포함해나가기도 했다. 이를 통해 굿문화의 재생산자 역할까지 담당했다.

　이러한 분석내용을 바탕으로 전통사회 문화콘텐츠의 생산·소비 메커니즘을 종합적으로 정리해보자. 전통사회의 대다수 사람들이 누린 문화콘텐츠는 기본적으로 오랜 기간을 걸쳐 공동체 단위에서 그 구성원이 공동으로 만들어나갔다. 그리고 콘텐츠를 체험함에 있어 대체로 경제적 대가를 요구하지 않았고, 설사 하더라도 강제하지 않는 무상공유물에 가까운 것이었다. 문화콘텐츠가 만들어지는 과정을 보면, 소비자는 생산자가 생산한 것을 소비만 하는 데 그치지 않고, 직접 생산에 참여하거나 개입하여 재생산함으로써 생산과 소비가 순환하는 관계를 이루었다. 결국 전통사회를 대변하는 문화콘텐츠는 생산과 소비의 반복적 순환을 통해 종교공동체적·민중공동체적 통합을 추구했다고 할 수 있다.

　전술한 바와 같이 현대사회는 문화콘텐츠의 생산·소비가 하나의 형태로 고정되어 나타나는 게 일반적이다. 현대사회의 문화콘텐츠는 생산자와 소비자의 역할이 겹치지 않고 각각 구분되어 있는 경우가 많다. 여기서 판매를 목적으로 개발되는 문화콘텐츠에 한정할 때 주로 생산자는 엘리트, 소비자는 대중으로 일컫는다. 엘리트는 문화콘텐츠 생산을 위한 전문적인 지식과 기술을 보유하고 있고, 이를 활용하여 문화콘텐츠를 생산한다. 대중은 엘리트가 생산한 문화콘텐츠를 소비만 하는 것이 일반적이다. 여기서 엘리트는 문화콘텐츠를 통해 경제수익을 창출하는 것이 목적이므로 '상품'으로 만들어 공급한다. 이로 인해 소비자인 대중은 상품성 문화콘텐츠를 체험할 때 경제

〈그림 6〉 게임타이틀 GTA5를 구입하고 있는 소비자[30]

적 대가를 지급하게 된다.

현대사회에서 엘리트에 의해 만들어진 대표적인 상품성 문화콘텐츠인 게임, 애니메이션, 영화 등은 일방적인 소비를 겨냥한 것이므로 대중의 소비과정에서 재생산이 이루어질 가능성이 희박하다. 간혹 열린 결말을 제시한 문화콘텐츠의 경우 대중이 인터넷 커뮤니티에서 다양한 창조적 결말들을 제시하기도 하는데, 그것이 보편적이면서 주류적 문화콘텐츠상품은 아니다. 그렇다면, 현대사회에서 상품으로 만들어진 문화콘텐츠는 대체로 생산과 소비가 불순환하는 관계라 할 수

---

30) 사진 출처: 「오늘만을 기다렸다! GTA5 발매 동시에 게이머들 인산인해」, 『게임동아』, 2013년 9월 17일자. http://game.donga.com/69557

있다. 결국, 현대사회의 일반적인 문화콘텐츠상품은 생산자의 경제적 부의 축적수단으로 활용되고, 수용자의 경제적 소비를 가중시키는 수단으로 활용된다.

현대사회에 나타나는 주류적 문화콘텐츠상품 생산자의 일방적 생산과 수용자의 맹목적 수용은 결과적으로 상품의 개인 소유화를 만들어낸다. 그로 인해 문화콘텐츠 생산자에게 소비자와의 무상공유는 자신들의 활동을 위협하게 된다. 이 상황에서 생산자가 다른 생산자에게 생산기술을 무상으로 제공하는 것, 생산자가 수용자에게 자신의 생산물을 무상으로 제공하는 것은 생산자의 역할을 포기하라는 것이나 마찬가지다. 수용자의 경우, 애써 구입한 상품은 개인 소유화가 되어 다른 수용자와의 공유까지 단절하게 만든다. 결국 현대사회의 주류적 문화콘텐츠상품은 생산자와 생산자, 수용자와 수용자, 생산자와 수용자의 관계에서 무상공유의 모든 경로가 단절되는 상황을 초래하고 있다. 이러한 문화콘텐츠의 공격적 생산과 맹목적 수용, 그에 따른 무상공유 부재에 따른 비극은 대중의 자주적 문화생산의 가치를 망각시키며, 그로 인해 대중의 문화 창조력이 상실되는 결과를 낳고 있다.

지금까지 파악한 결과를 바탕으로 전통과 현대의 문화콘텐츠 생산·소비 메커니즘의 차이점을 영역별로 비교해보자. 여기서의 비교대상은 전통과 현대에 제각기 '대표성'을 지닌 주류적 문화콘텐츠 유형으로 설정한다. 그렇다면 전통사회는 당시 대다수 사람들에게 강력한 영향력을 발휘했던 축제 및 공연콘텐츠가 현대사회 문화콘텐츠 유형과의 비교대상이 된다. 현대사회의 경우에는 축제콘텐츠가 존재하고는 있지만, 전통사회 문화콘텐츠 유형과의 비교대상으로 설정하기에는 한계가 있다. 왜냐하면 오늘날 축제라는 것은 전통사회의 축제와 달리, 대부분 공동체를 벗어난 관변행사에 가까운데다 대부분의 사회구성원이 즐겨 체험하는 것도 아니다. 공연콘텐츠의 경우에도 전통사회와 달리 대부분 공동체적 실현기반을 벗어났다. 그런 점에서 이러한 축제콘텐츠와 공연콘텐츠를 현대사회의 대표성을 지닌 문화콘텐츠로 간주하기는 어렵다.

특히, 이 책에서는 결과물로서 문화콘텐츠의 내용적 특징을 비교하는 것이 아니라, 전통과 현대라는 두 영역의 콘텐츠 결과물을 둘러싼 사회문화적 맥락의 비교에 가깝다. 그러기에 전통과 현대에서 대다수 사람들이 즐겨 체험했거나 체험하는 대상을 비교해야 그 결과를 통해 문화적 차이점을 밝혀 바람직한 미래문화를 구상할 수 있다. 그렇다면 현대사회의 대표적인 문화콘텐츠 유형은 주류적 문화콘텐츠 상품으로서 대중이 가장 즐겨 체험하는 공연상품, 게임상품, 모바일 상품, 애니메이션상품 같은 상품성 문화콘텐츠 유형이 전통사회 문화콘텐츠 유형과의 비교대상이 된다.

먼저, '생산방식'을 볼 때 전통사회 문화콘텐츠는 공동작 형태의 생산방식이었는데, 현대사회 문화콘텐츠는 합작 형태의 생산방식이 매우 많다.[31] 여기서 전자는 생산주체들이 내용을 만들 때 시대적 사실과 의식을 공유하면서 함께 만들어나갔다. 그러나 후자는 엘리트로 구성된 제작집단 내부에서 역할분담을 통해 만들어지게 마련이다. 가

---

31) 학술적으로 공동작과 합작은 구별된다. 공동작은 많은 사람이 오랜 기간에 걸쳐 작품을 계속 창작하는 문학창작 방식이며, 합작은 여러 사람이 모여 일정한 기간 내에 완성하는 일시적인 문학창작 방식이다(「공동작」, 『네이버지식백과, 국어국문학자료사전』, 2016, https://terms.naver.com/entry.nhn?docId=694978&cid=60533&categoryId=60533).

령, 전통사회의 공연콘텐츠인 탈놀이는 마을사람들이 공동으로 일정한 사실과 의식에 입각한 놀이대본을 만들고 배우노릇을 하면서 놀이내용을 함께 지속적으로 수정·보완해나갔다. 그러나 현대사회의 게임·애니메이션·영화콘텐츠는 제작사에 근무하는 전문가들이 프로젝트 과업수행을 위해 모여 문화콘텐츠의 개발과 유통에 필요한 제반 영역에 대해 역할분담을 정확히 한 다음 사전에 준비된 계획에 따라 개발이 이루어진다. 그렇기에 전자에 나타난 공동작 형태의 생산방식은 문화콘텐츠의 생산과정에서 생산집단의 연대의식을 강화시켜 이들이 원만한 유대관계를 형성하는 데 일조했다. 그에 비해 후자에 나타나는 합작 형태의 생산방식은 주로 현대사회에서 소수인 엘리트 집단의 기술력 강화와 엘리트 개인의 개발실적 상승에 기여한다.

'생산기간'을 볼 때 전통사회 문화콘텐츠는 주로 장기간이었는데, 현대사회 문화콘텐츠는 상대적으로 단기간이다. 먼저 전자는 그 내용이 어느 시기에 갑자기 만들어져 그것으로 종결되는 것이 아니라, 오랜 기간에 걸쳐 내용이 점진적으로 만들어지는 현재진행형의 결과물이었다. 그에 반해 후자는 제작집단이 제작기간을 구체적으로 정해놓고 그에 따라 결과물을 완성해서 종결한다. 따라서 후자는 전자에 비해 생산기간이 상대적으로 단기간이다. 가령 전자는 마을굿이라는 축제적 시공간이 매년 주기적으로 형성되었는데, 이는 개인이 중단할 수 없는 영구적인 순환체계였다. 이러한 시공간은 그 안에서 연행되는 탈놀이 공연내용을 장기간에 걸쳐 풍부하게 만들어내는 토대가 되었다. 그러나 후자는 제작사에서 프로젝트 수행을 위해 구체적인 시간과 계획을 정해놓고, 그에 따라 결과물을 만들어 배포하면 그것으로 프로젝트가 끝나는 것이며, 결과물의 내용도 개발 완료와 함께 완성되는 게 일반적이다. 결과적으로 전통사회에서 이루어진 장기간의 문화콘텐츠 생산은 오랜 기간에 걸쳐 생산되는 과정에서 공동체집단의 역사와 다양한 사회의식을 표현하고 예술성을 점진적으로 상승시켜나갔다. 그에 비해 현대사회에서 이루어진 단기간의 문화콘텐츠 생산은 대중의 문화적 취향을 최신기술로 콘텐츠에 신속하게 반영하여, 수시로 변하는 대중의 소비욕구를 일시적으로 충족시키는 데 머무는 경우가 많다고 볼 수 있다.

'소비방식'을 볼 때 전통사회 문화콘텐츠는 주로 공동적 소비방식이었는데, 현대사회 문화콘텐츠는 주로 개인적 소비방식이다. 먼저 전자는 특정개인을 위한 것이 아니라, 공동체사회 구성원 전체를 위한 것이었다. 국가, 고을, 마을이라는 공동체 영역 안에 정해진 놀이판에서 많은 사람이 모인 가운데 다양한 공연콘텐츠가 연행되었다. 공동체사회에서 공연하는 날은 그 구성원이 공동으로 예술을 소비하는 날이었다. 그에 비해 후자의 구체적 사례인 게임, 애니메이션, 영화 등은 개인적 소비방식의 전형이고, 공연의 경우에도 수많은 관람자가 공연장에 모여 작품을 소비하지만, 실제로는 개인적으로 이루어진다. 왜냐하면 오늘날 대중을 겨냥한 연극은 배우가 극중 인물을 연기함으로써 관객의 감정을 이입시켜 극중 인물들의 행위 속에 끌어들이는 아리스토텔레스적 연극[32]이 주류를 이루기 때문이다. 이 방식의 연극에서 관객은 극중 인물의 감정과 자신의 감정을 동일시한 상

---

32) 송윤엽 엮음, 『브레히트의 연극이론』, 연극과 인간, 2005, 17-18쪽; 이원양, 『브레히트 연구』, 두레, 1988, 35쪽.

태로 감상하므로 관객의 연극소비가 개인적으로 이루어지는 것이다. 결과적으로 전자에 나타난 공동적 소비방식은 생산자와 소비자가 문화콘텐츠 내용을 통해 양방향 소통의 공동체 실현을 가능하게 했다. 그에 비해 후자에 나타나는 개인적 소비방식은 생산자와 소비자, 소비자와 소비자 간의 소통이 단절된 채 개인적 차원의 예술경험에 그치게 된다.

〈그림 7〉
오페라 「로미오와 줄리엣」의
공연 장면[33]

---

33) 사진출처: 「[금주의공연, 이유있는선택] '오페라: 로미오와줄리엣' 외」, 『조선닷컴』, 2016년 12월 5일자, http://news.chosun.com/site/data/html_dir/2016/12/04/2016120401600.html

'공유방식'을 볼 때 전통사회 문화콘텐츠는 무상공유방식이었는데, 현대사회 문화콘텐츠는 대부분 유상공유방식이다. 전통사회의 민중은 탈놀이, 꼭두각시놀음, 판소리 등의 문화콘텐츠를 통해 신명풀이를 했다. 이 과정에서 민중의 정신을 건강하게 하고,[34] 부당한 현실을 개조하려는 의식을 확립시키며, 나아가 문화창조의 바람직한 방향[35]을 제시함으로써 신명풀이의 결실을 맺었다. 전통사회에서 민중성을 발휘한 연행예술 형태의 문화콘텐츠는 가치추구 면에서 경제수익을 추구하는 교환가치가 아닌, 신명풀이의 결실맺음 같은 목적가치를 추구했으므로 무상으로 공유되는 경우가 지배적이었다. 그에 비해 후자는 생산주체인 엘리트가 대중을 대상으로 팔기 위해 생산되는 게 일반적이다. 대중은 이를 소비할 때 반드시 경제적 대가를 지급해야 한다. 만약 경제적 대가를 지급하지 않고 문화콘텐츠를 공유했다가는 법적 처벌의 대상이 된다.[36] 가령, 사람들이 유료공연장에 몰래 들어가거나, 해킹으로 게임아이템을 훔치거나, 애니메이션을 불법으로 다운로드하면 법적 처벌을 받게 되는 것이 대표적인 사례다. 따라서 현대사회의 이 같은 문화콘텐츠는 그 결과물이 대중에게 유상으로 공유될 수밖에 없다. 결과적으로 전자는 무상공유를 통해 소비자인 민중 누구나 쉽게 체험할 수 있었으며, 이를 통해 공동체의 사회적·문화적 가치를 확산했다. 그에 비해 후자는 유상공유 과정에서 생산자인 엘리트의 경제적 부를 축적시키고 소비자인 대중의 경제적 소비를 가

---

34) 채희완, 「민중예술에 있어서 예술체험으로서의 신명」, 『예술과 비평』 5, 서울신문사, 1985, 131쪽.
35) 조동일, 앞의 책, 250쪽.
36) 김진형, 『문화콘텐츠와 멀티유즈 전략』, 민속원, 2015, 45쪽.

중시킨다.

'생산과 소비의 상호관계'를 볼 때 전통사회 문화콘텐츠는 순환관계였는데, 현대사회 문화콘텐츠는 일반적으로 불순환관계다. 먼저 전자는 문화콘텐츠의 소비자가 생산에 참여 또는 개입하여 재생산을 이루어냈다. 여기서 소비자의 재생산 행위는 소비자가 생산자로 전환되는 과정을 발생시키면서 생산과 소비의 순환관계를 만들었다. 그에 비해 후자는 대체로 생산자가 생산한 것을 소비자는 일방적으로 소비만 하는 데 그치므로 생산과 소비가 불순환관계를 이루게 된다. 가령, 전통사회에서 연행된 팔관회와 연등회를 비롯하여 판소리, 탈놀이의 소비자는 재생산의 주체가 되기도 했다. 그러나 현대사회의 공연, 애니메이션, 게임, 영화 등의 소비자는 재생산하기가 매우 어렵다. 결과적으로 전자에 나타난 생산과 소비의 순환에서는 부정적인 문화는 탈락시키고 긍정적인 문화는 수용 및 변용하여 문화콘텐츠를 미래의 계승문화로서 가치 있게 만들어나가는 역할을 했다. 그에 비해 후자에 나타나는 생산과 소비의 불순환은 문화콘텐츠가 미래의 계승문화로 발전하기 어렵게 만든다.

마지막으로 '기능'을 볼 때 전통사회 문화콘텐츠는 공동체적 통합을 이루어냈는데, 현대사회 문화콘텐츠는 상대적으로 개인의 문화적 소비욕구를 충족시킨다. 먼저 전자는 공동체 단위로 전승되게 마련이었다. 이는 공동체 밖에서 볼 때는 배타적이지만, 그 내부에서 볼 때는 협동적이었다. 전자는 이러한 협동성을 통해 외부에 대한 밀어냄의 역할과 내부에 대한 끌어당김의 역할을 반복적으로 하면서 결국

〈표 5〉 문화콘텐츠 생산 · 소비 메커니즘의 영역별 비교표

영역명	사회 구분	
	전통사회	현대사회
생산방식	공동작 형태	합작 형태
생산기간	장기간	단기간
소비방식	공동적	개인적
공유방식	무상공유	유상공유
생산과 소비의 상호관계	순환	불순환
기능	공동체적 통합	개인의 문화적 소비욕구 충족

공동체적 통합의 기능[37]을 발휘했다. 이와 상대적인 측면에서 후자는 대중 개개인의 취향을 따르므로 공동체사회와는 무관하게 개발되기 마련이다. 따라서 후자는 개인의 소비욕구를 충족시키는 기능이 발휘된다. 예를 들면 전통사회의 마을굿, 탈놀이, 판소리는 민중에게 '계급을 뛰어넘는 평등'과 '개인이 아닌 우리'의 중요성을 부각시키면서 민중공동체적 통합의 기능을 발휘했다. 그에 비해 현대사회의 유료공연, 게임, 애니메이션은 대중 개개인에게 '당대의 다양한 유행'과 '대중문화의 향유방법'에 관련된 정보를 제공하면서 개인의 문화적 소비욕구 충족의 기능을 발휘하고 있다.

지금까지 살펴본 문화콘텐츠 생산 · 소비 메커니즘의 영역별 비교내용을 간추려 정리하면 위의 〈표 5〉와 같다.

---

37) 임재해, 앞의 책, 67쪽.

4.
현대 문화콘텐츠의 공동체적 발전방향

　　전통사회와 현대사회의 대표성을 지닌 문화콘텐츠에 나타나는
생산·소비 메커니즘을 영역별로 각각 비교한 결과, 전 비교영역에서
후자가 전자에 비해 생산·소비 메커니즘에 한계가 있는 것이 발견된
다. 이러한 한계가 극복되기 위해서는 문화콘텐츠의 생산·소비 메커
니즘이 '공동체적 발전'을 이루는 원리로 작용되어야 한다. 현대사회
에서 문화콘텐츠가 공동체적으로 발전한다는 것은 문화콘텐츠가 사
회구성원의 유대관계 형성에 기여하고, 인간에게 삶의 가치를 일깨우
며, 나아가 미래의 계승문화로 자리매김되는 것으로 집약될 수 있다.
이러한 한계의 극복을 통한 현대사회 문화콘텐츠의 공동체적 발전방
향을 거시적 측면과 미시적 측면으로 구분하여 제시한다.

　　먼저, 거시적 측면에서 문화콘텐츠를 도시에서 공동체 단위로 생
산·소비하는 것이다. 오늘날 도시는 대중이 노동을 통해 삶을 영위
하는 대표적인 공간이다. 도시에서 문화콘텐츠를 공동체 단위로 생

산·소비하면, 오늘날 일상이 되어버린 개인주의적 도시문화가 공동체적 도시문화[38]로 발전하는 데 핵심적인 기여를 할 수 있다. 그러기 위해서는 문화콘텐츠의 생산·소비를 전통사회처럼 '마을' 차원에서 이루어지게 하는 것이다.

오늘날 도시마을은 전통사회의 마을과 달리 혈연관계에 크게 연결되지 않는 개인 또는 가족이 개별적으로 모여 형성하고 있다. 오늘날의 도시마을은 경제활동도 개별적으로 하므로 전통사회의 마을과 같이 생업공동체나 신앙공동체를 실현하기가 어렵다. 하지만 문화콘텐츠공동체 실현은 가능하다. 가령 도시마을에서 마을문화콘텐츠 커뮤니티그룹을 효과적으로 육성시켜 활용한다면, 여러 문화콘텐

〈그림 8〉 도시마을 공동체커뮤니티 주도로 매년 개최되는 서울 마포 '성미산마을축제'[39]

---

38) 김진형, 「문화콘텐츠의 육성기반과 판문화의 가치 적용」, 『민속연구』 29, 안동대학교 민속학연구소, 2014, 113쪽.

39) 사진 출처: 「물질적 성장에 지친 세상, 함께 살려는 생태적 고민 깊어지고…」, 『영남일보』, 2013년 8월 10일자, http://www.yeongnam.com/mnews/newsview.do?mode=newsView&newskey=20130810.010160735530001

츠 유형 가운데 '축제콘텐츠'와 '공연콘텐츠'를 주체적으로 생산하고 소비할 수 있다. 구체적으로는 도시마을 안에 미리 정해놓은 '마을축제'라는 시공간 안에서 도시대중이 마을공연을 생산·소비하는 것이다. 마을공동체 안에서 축제콘텐츠 개최를 통한 반일상의 코뮤니타스(Communitas) 구축과 공연콘텐츠의 역동적 연행과정에서 이루어지는 마을사람들의 신명풀이 체험은 현대의 문화콘텐츠에 결핍된 사회문화적 기능을 회복하는 동력이 될 수 있다. 또한 전통사회 문화콘텐츠의 핵심적인 전승유형인 축제콘텐츠와 공연콘텐츠를 현대적 변용을 통해 발전적으로 계승하여 미래의 문화유산으로서 가치를 획득할 수 있는 길이기도 하다.

거시적 측면에서 제시한 방향을 수렴하면서 미시적 측면의 발전방향을 비교영역별로 도출하면, 첫째로 축제콘텐츠와 공연콘텐츠(이하두 콘텐츠)를 마을공동체 안에서 공동작 형태로 생산하는 것이다. 현대사회의 주류적 문화콘텐츠에 주로 나타나는 합작 형태의 생산방식은 콘텐츠의 합작생산에 참여한 구성원이 결과물의 독점 권리를 확보하여 저작권자 이외에는 생산에 접근하지 못하도록 선을 긋는다. 이를 통해 합작에 참여한 구성원만을 대상으로 경제수익이 창출된다. 합작생산에 동원된 구성원은 개발과정에서 콘텐츠 생산그룹을 형성하게 되는데, 이 그룹은 구성원 상호 간 이해관계에 따라 얼마든지 소멸될 수 있는 한계를 가지고 있다. 그렇지만 전통사회에서 마을이 주도한 두 콘텐츠에 나타난 공동작 형태의 생산방식은 마을사람들로 하여금 공동생산의 자유로운 참여를 이끌어내 지속 가능한 '문화생산연대'를 구축했다. 마을축제콘텐츠가 만들어낸 시공간 안에서 마을공연콘텐츠인 탈놀이를 공동으로 생산한 마을공동체 구성원은 이러한 생산과정에서 유대관계를 더욱 원만하게 하여 문화적 연대의식을 함양시켰고, 사상적으로도 통일을 이루어 사회와 문화의 올바른 방향도 제시했다. 그러므로 현대사회의 주류적 문화콘텐츠에 나타나는 합작 형태의 생산방식에 따른 한계는 전통사회처럼 두 콘텐츠가 마을공동체 안에서 공동작 형태로 생산될 때 극복의 길이 열린다.

둘째로 두 콘텐츠를 마을공동체 안에서 장기간에 걸쳐 생산해나가는 것이다. 현대사회의 주류적 문화콘텐츠는 단기간에 생산된 다음 그것으로 내용이 종결되는 것이 일반적이다. 이로 인해 콘텐츠의 내용이 확대·재생산되지 못하고 하나의 버전(version)만 생산되는 데 머물기 마련이다. 그러나 전통사회의 두 콘텐츠는 마을공동체가 오랜 기간에 걸쳐 함께 만들어나갔다. 전통사회의 축제인 마을굿 안에서 연행된 공연인 탈놀이는 생산주체들이 역사적 전개 속에서 여러 버전의 결과물을 생산할 수 있었다. 여러 가지로 구성된 '탈놀이의 마당'이 바로 그것이다. 탈놀이의 여러 마당은 한순간에 만들어진 것이 아니라, 오랜 기간에 걸쳐 한 마당씩 만들어 여러 마당을 구성해낸 것이다. 과거 마을공동체에서 장기간에 걸쳐 만들어진 탈놀이는 역사적 사실, 문화의 양상, 사회의식들을 다양하게 반영하고 있어 그 자체로 역사문화 사료로서의 가치를 지닌다. 그러므로 현대사회의 문화콘텐츠가 역사문화 사료로서의 가치와 내용적 우수성을 획득하기 위해서는 전통사회처럼 두 콘텐츠가 마을공동체 안에서 장기간에 걸쳐 생산되어야 한다.

셋째로 두 콘텐츠를 마을공동체 안에서 공동으로 소비하는 것이다. 현대사회의 주류적 문화콘텐츠에 주로 나타나는 개인적 소비방식에서는 생산자와 소비자, 소비자와 소비자 간의 소통이 결핍된 양상을 보인다. 오늘날 타자와의 소통은 서로가 통하여 오해 없이 평화롭게 살아가는 사회공동체 조성에 요구되는 핵심가치이지만, 현재의 주류적 문화콘텐츠에서는 이러한 가치가 잘 발휘되지 않는 한계가 있다. 그러나 전통사회의 두 콘텐츠는 공동으로 생산되는 데서 나아가 공동으로 소비했다. 마을공동체가 주도하는 마을굿의 탈놀이는 개인을 위한 공연이 아니라, 공동체구성원 전체를 위한 공연이었다. 탈놀이의 연행현장은 연기자와 관중, 관중과 관중이 서로 대립하고 화해하며, 나아가 사회의 평등을 함께 주장하는 양방향 소통의 공동체를 이루는 장이었다.[40] 그러므로 현대사회의 주류적 문화콘텐츠에서 개인적 소비방식으로 인해 발생한 소통결핍이라는 한계를 극복하기 위해서는 전통사회처럼 두 콘텐츠를 마을공동체 안에서 공동으로 소비하는 방식을 적용해야 한다.

넷째로 두 콘텐츠를 마을공동체 안에서 무상으로 공유하는 것이다. 현대사회의 대중적인 공연은 유상으로 공유되는 것이 일반적이다. 공연생산자가 경제수익을 내고자 공연을 만들기 때문이다. 축제

---

40) 탈놀이는 크게 앞놀이, 탈놀이, 뒷놀이로 구성된다. 앞놀이를 할 때는 연기자와 관중이 아무런 구별 없이 모두 대등한 자격으로 함께 어울려 춤을 춘다. 탈놀이를 할 때에는 탈을 쓴 연기자가 등장인물들의 배역을 나누어 연기하면서 서로 싸우고, 관중은 관중석에서 구경하면서 그 싸움에 이따금 개입한다. 탈놀이가 진행되는 가운데 춤대목에서는 일정한 간격을 두면서 서로 싸우던 등장인물들이 함께 어울려 춤을 춘다. 춤대목의 앞뒤에서 벌어지는 탈놀이 싸움과 춤대목의 화합, 다시 탈놀이 싸움과 앞놀이, 뒷놀이의 화합을 함께 보여주는 것이다(조동일, 앞의 책, 479-480쪽). 여기서는 상하나 우열을 뒤집어 패배자를 조롱하고 박해하자는 것이 아니다. 그런 구별은 원래 있을 수 없으며 함께 춤추면서 대등하고 평등하다는 것을 재확인하게 된다(위의 책, 479쪽). 이러한 연행구조를 통해 탈놀이의 활발한 소통 양상을 확인할 수 있다.

의 경우에도 유상공유의 양상이 쉽게 확인된다. 축제프로그램 안에 유상의 공유물을 만들어 별도로 판매하거나,[41] 축제행사장에 지역특산물 판매점을 설치하여 축제의 소비자에게 경제적 소비를 유도하는 경우가 많기 때문이다. 이러한 양상을 통해 현대사회는 축제마저도 경제적 여건이 되는 사람들이 누릴 수 있는 여가문화라는 것을 알 수 있다. 그러나 과거 마을공동체의 두 콘텐츠는 생산자와 소비자의 공유과정에 있어 경제적 대가가 오가지 않았다. 과거 마을공동체에서는 이와 같은 문화콘텐츠가 경제적 부가가치 생산의 대상이 아니라, 대동 단위의 콘텐츠 체험을 통한 '양방향 소통의 공동체 실현' 같은 문화적 부가가치 생산의 대상이었다. 이는 경제적으로 열악한 사람이라도 자유롭게 누릴 수 있는 민주적인 놀이문화였다. 그러므로 현대사회의 주류적 문화콘텐츠에 나타나는 유상공유의 한계는 전통사회처럼 두 콘텐츠를 마을공동체 안에서 무상으로 공유했을 때 극복될 수 있다.

다섯째로 두 콘텐츠의 생산과 소비관계가 마을공동체 안에서 순환되도록 하는 것이다. 현대사회의 주류적 문화콘텐츠에 나타나는 생산과 소비의 불순환관계는 생산자가 만든 결과물을 소비자가 소비만 하고 재생산하지 않아 발생한다. 현대사회의 주류적 문화콘텐츠는 이러한 불순환관계를 극복하는 것이 구조적으로 힘들어 그것이 당대의 소비문화에 머물 뿐 미래의 계승문화로 발전해나가기는 어렵다. 그러나 전통사회에서 이루어진 마을공동체 주도의 두 콘텐츠에서는 생산

---

41) 안동탈춤페스티벌의 행사프로그램 중 국내외 탈춤 및 민속극 공연은 관람객이 관람료를 지급하고 유료공연장에 들어가 관람한다.

자와 소비자의 역할 전환을 통한 수많은 재생산 과정에서 모순과 불평등에 대한 비판, 나아가 미래문화의 바람직한 방향을 제시하는 데까지 이르렀다. 마을굿의 탈놀이는 오랜 기간에 걸친 연기자와 관중의 반복적 소통과정에서 재생산이 풍부하게 이루어졌다. 그 과정에서 민주적·변혁적 사고를 통한 잘못된 현실의 개조의식을 확립해나갔다. 이를 통해 과거 마을 단위에서 전승된 마을굿과 탈놀이는 현재까지도 미래의 계승문화로서의 가치를 획득하고 있다. 그러므로 현대사회의 주류적 문화콘텐츠에 나타나는 이러한 불순환관계의 한계는 전통사회처럼 두 콘텐츠를 마을공동체 안에서 생산자와 소비자가 역할 전환을 통해 내용의 재생산을 이루어 생산과 소비를 순환관계로 만들었을 때 극복될 수 있다.

마지막으로 두 콘텐츠의 핵심기능을 마을사회의 공동체적 통합으로 설정하는 것이다. 오늘날의 주류적 문화콘텐츠는 소비자 개개인의 문화적 소비욕구를 충족시키는 기능을 발휘하는 경우가 많다. 현대사회의 이러한 문화콘텐츠 기능은 개인의 문화소양 함양에는 기여할지 몰라도 사회문화의 발전에는 기여하지 못한다. 이와 같은 문화콘텐츠가 사회문화적으로 발전하기 위해서는 공동체적 통합의 기능이 발휘되어야 한다. 문화콘텐츠 전승집단이 콘텐츠 내용을 공유하는 가운데 공동체적 통합을 이루어야 콘텐츠에 형성된 건강한 정신문화를 모두 인정하면서 그것을 공동적 실천으로 옮길 수 있기 때문이다. 이와 관련하여 전통사회의 마을공동체 민속은 대부분 공동체적 유대의식 없이는 존립할 수 없었으므로 통합기능이 발휘되었지만,[42] 특히

---

42) 임재해, 앞의 책, 67-68쪽.

축제와 공연에는 이 기능이 두드러졌다. 마을신을 함께 받들어 모시는 축제로서 마을굿 개최를 통해 신앙적 통합을 이루었고, 평등사회의 가치를 일깨워 그에 대한 실천을 주문하는 탈놀이 연행을 통해 사상적 통합을 이루어냈다. 그러므로 현대사회의 주류적 문화콘텐츠에 나타나는 이러한 기능상의 한계를 극복하기 위해서는 전통사회처럼 두 콘텐츠를 마을사회 안에서 개최하여 공동체적 통합 기능이 발휘되도록 해야 한다.

지금까지의 논의를 총체적으로 설명할 수 있는 사례로 아산시 송악면의 마을축제콘텐츠인 '송악두레논매기보존행사'가 주목된다. 이 축제는 마을사람들이 직접 준비하고 진행하며, 참여하고 즐기는 축제적 기반이 탄탄한 축제[43]로 평가받는다. 축제를 주도하는 주체는 송악두레논매기보존회원 90여 명인데, 회원은 모두 송악면의 역촌리, 외암리, 평촌리의 주민이다. 축제의 핵심내용은 마을의 전통문화로 이루어져 있고, 축제준비는 대동의 신명풀이 실현을 목적으로 1년간 간헐적으로 준비한다. 축제에 참가하는 전체 인원은 3개 마을사람 300~500명 정도다.[44]

이 축제는 모두 다섯 마당으로 구성되어 있다. 1마당은 마을사람들의 만사형통과 농사의 풍년을 기원하는 제의로서 농신제가 이루어지고, 2마당과 3마당은 마을의 전통문화인 논매기가 재현된다. 그리고 축제의 핵심마당인 4마당에서는 두레싸움을 통해 축제적 성격을 강하게 드러낸다. 여기서는 두 패로 갈라져 풍물로 겨루는 두레싸움

---

43) 홍사열, 「축제주도집단에 따른 축제성의 발현양상: 아산시 송악면 마을축제를 중심으로」, 『실천민속학연구』 17, 실천민속학회, 2011, 337쪽.

44) 위의 논문, 350쪽.

이 역동적으로 이루어진다. 마을공연콘텐츠적 기능을 강하게 발휘하는 이 싸움은 정해진 시간이 없어 결판날 때까지 장시간 풍물을 연주한다. 이 과정에서 구경을 온 대다수의 관객이 두레싸움 연행자와 함께 놀이판에 뛰어들어 신명풀이를 경험한다.[45] 연행자와 관중은 모두 마을사람들이며, 이들은 '마을공동체의 축제'라는 반일상의 시공간 안에서 일상에 억눌린 신명을 풀어낸다. 마지막 5마당인 주민노래자랑을 끝으로 모든 축제행사가 마무리된다. 이 문화콘텐츠 사례를 통해 마을 주도형의 축제콘텐츠와 공연콘텐츠가 마을공동체에서 역동적으로 생산·소비되는 양상을 포착할 수 있다.

---

45) 위의 논문, 345-347쪽.

3장

신명풀이의 변화와
판문화콘텐츠로서
계승

1.
같으면서 다른 어제와 오늘의 신명풀이

 신명풀이[1]는 인간의 정신과 집단의 문화를 건강하게 하고, 나아
가 사회의 발전을 이끄는 문화적 기제다. 이러한 신명풀이는 옛날부
터 오늘날까지 여전히 우리 안에 존재하는 아름다운 사상이기도 하
다. 그런데 오늘날 도시의 팽창, 대중의 형성, 소비 중심의 대중문화

---

[1] 이 장의 본격적인 논의를 위해서는 신명풀이에 대한 기본적인 이해가 선행되어야 한다. 신명풀
이는 신명과 풀이가 합쳐진 용어로 '신명'이 주어다. 신명이 무엇인지부터 알아야 신명풀이를
온전히 이해할 수 있다. 신명이 무엇인가에 대해서는 다양한 규정이 있는데, 조동일의 규정이
간단명료하면서 설득력이 강하다. 조동일은 神明의 神을 鬼神의 神이 아니라 精神의 神으로
간주하면서(조동일, 『탈춤의 원리 신명풀이』, 지식산업사, 2006, 316~317쪽), "깨어 있고 밝은
마음가짐이 힘차게 움직이는 상태"를 신명으로 규정했다. 그리고 각자의 주체성과 공동체의
유대의식을 가지고 발현하는 창조적인 행위를 신명풀이로 규정했다(조동일, 위의 책, 473쪽).
조동일의 신명풀이 규정에서 주목되는 것은 신명풀이가 개인의 주체성을 기반으로 집단적 이
루어진다는 것이다. 이러한 신명풀이 규정과 관련하여 김헌선은 민속예술에서 흥과 신명의 차
이를 개인성과 집단성으로 구분하여 신명이 집단에 의해 풀려난다는 것으로 규정했다(김헌선,
「한국예술의 미학적 범주」, 『성곡논총』 32, 성곡학술문화재단, 2001, 12~17쪽). 또한 한양명도
조동일과 김헌선의 규정을 수렴하는 가운데 민속예술에서 신명풀이의 큰 줄기가 집단적 신명
풀이라고 규정했다(한양명, 「민속예술을 통해 본 신명풀이의 존재양상과 성격」, 『비교민속학』
22, 비교민속학회, 2002, 302쪽). 이에 필자도 신명풀이의 집단성에 주목하면서 논의를 펼치
고자 한다.

〈그림 9〉 크라잉넛 콘서트 공연장에서 신명을 푸는 대중[2]

로 인해 신명풀이가 그 모습을 달리하고 있다. 신명풀이가 발현된 대
표적인 모습인 '춤'과 '노래'가 전통사회에서는 주로 마을굿, 대동놀
이 현장을 통해 나타났지만, 현대사회에 와서는 주로 노래방, 무도장,
콘서트 공연장을 통해 나타나게 된 것이다.

　　신명풀이는 이러한 변화과정 속에서 과거에 맺었던 결실이 현재
는 거의 이루어지지 않고 있다. 신명풀이의 대표적인 결실을 크게 인
간정신의 건강성 확보,[3] 부당한 현실에 대한 개조의식 함양, 문화창
조의 바람직한 방향제시[4]라 할 때, 첫째는 약화되었고, 둘째와 셋째

---

2) 　사진 출처: 「록, 격렬하고 신나는 음악의 열기」, 『민주화운동기념사업회』, 2013년 5월 27일자,
　　http://www.kdemo.or.kr/blog/music/post/794

3) 　채희완, 「민중예술에 있어서 예술체험으로서의 신명」, 『예술과 비평』 5, 서울신문사, 1985, 131쪽.

4) 　조동일, 앞의 책, 250쪽.

는 소멸된 것이나 다름없는 상황이다. 이러한 양상은 신명풀이를 하는 '판'의 변화와 무관하지 않다. 전통사회의 판은 주로 마을사람들에 의해 만들어진 대규모의 공동체적 공간이었지만, 현대사회의 판은 주로 직장, 학교, 사회단체, 친목모임에 의해 만들어지는 소규모의 집단적 공간이다. 그로 인해 과거의 판은 마을 주도의 공동체성 발휘를 통해 신명풀이의 '예술문화'를 실현시켰지만, 현재의 판에서는 공동체성 부재로 그러한 문화를 생산하지 못하는 것이다.

전통사회에서 역동적인 모습을 보이며 위와 같은 결실을 맺었던 신명풀이는 이제 명맥만 유지하고 있을 뿐이다. 그런데 신명풀이의 현재 양상은 그렇더라도 인간 개개인에게 기본적으로 잠재된 '신명'의 본질은 예나 지금이나 여전히 충만하다. 사람들은 누구나 신명을 지니고 살아가지만, 이것을 누적시키면 그대로 덮어두지 못해 신명을 풀지 않을 수 없는 지경에 이른다.[5] 신명이 쌓이면 풀려고 하는 행위는 인간에게 항상 존재할 수밖에 없는 본능적인 것이다. 여기에 주목했을 때 오늘날에도 신명풀이의 판이 잘 갖추어진다면, 과거에 맺은 결실을 다시 이룰 수 있음을 짐작할 수 있다.

21세기에 이르러 전 세계는 문화의 가치에 주목하면서 그 매력에 열광하고 있다. 선진국에서는 문화를 활용한 다양한 정책과 사업 추진을 통해 문화강국의 위상 제고에 힘을 쏟는다. 한국사회도 경제적으로 선진국 대열에 진입하면서부터 '선진국은 곧 문화강국'이라는 논리를 적극적으로 받아들여 여가, 관광, 문화콘텐츠 등의 분야가 나날이 성장하고 있다. 이에 한국은 21세기에 접어들면서 사회적으로

---

5) 위의 책, 317쪽.

신명풀이를 계승할 기회가 크게 확대되었다. 이에 힘입어 신명풀이를 현대적으로도 가치가 큰 문화로 발전시키기 위해 그 토대를 효과적으로 구축할 필요가 있다.

신명풀이가 오늘날 인간과 사회의 발전을 가져다주는 가치 있는 문화로 거듭나기 위해서는 무엇보다 전통사회에서 맺은 신명풀이의 결실을 다시 이루는 것이다. 따라서 이 장에서는 신명풀이의 변화 양상을 파악하여 전통사회에서 맺었던 신명풀이의 결실을 오늘날 다시 이루게 하는 방안을 제시하는 것이 핵심이다. 과거의 신명풀이 양상이 오늘날에는 어떻게 변화되었고, 변화된 오늘날의 신명풀이가 다시 역동적인 결실을 맺기 위해서는 어떠한 토대가 필요하며, 신명풀이의 저변 확대를 위해서는 어떤 문화기획이 효과적인가를 응용인문학의 한 갈래로서 문화콘텐츠학적 접근을 통해 밝히는 작업이라 할 수 있다.

이 장의 논의를 전개하기 위해 먼저 전통과 현대의 신명풀이 변화 양상을 분석하여 오늘날 신명풀이의 현실과 그 한계를 정확히 파악한다. 다음으로 문화계승론적[6] 접근을 통해 신명풀이의 계승에 대한 당위성과 잠재적 가치를 규명하여 신명풀이가 창조적 결실을 맺는 데 요구되는 현대적 방안을 도출한다. 마지막으로 신명풀이의 결실을 맺기에 적합한 문화콘텐츠 유형을 선정하여 앞서 도출한 방안을 적용해본다. 이를 통해 과거에 맺은 신명풀이의 창조적 결실이 문화콘텐츠를 통해 실현되게 하는 밑그림을 그려보고자 한다.

---

6) 임재해, 「제1장 민속문화의 수용과 변용: 문화계승론」, 『민속문화를 읽는 열쇠말』, 민속원, 2004.

2.
신명풀이의 지속과 변화 양상

신명풀이를 하는 원리는 오랜 옛날부터 지금에 이르기까지 동일하다. 그렇지만 신명풀이를 하는 '집단'을 비롯하여 '목적', '결실' 면에서는 옛날과 지금이 다른 양상을 보인다. 신명의 맺힘과 풀림의 반복된 행위로 설명할 수 있는 신명풀이의 원리는 인간 내면에 자리 잡은 고유한 영역으로 변화 자체가 불가능한 것이지만, 신명풀이의 집단, 목적, 결실 등은 사회변동에 반응하면서 다양한 변화를 일으킨다. 전자는 외부의 침범을 받지 않는 영역인 데 반해, 후자는 외부의 침범을 당할 수밖에 없는 영역이기 때문이다.

신명풀이의 세 변화영역 중 먼저 신명풀이를 하는 '집단'을 보자. 전통사회에서의 신명풀이는 계급사회가 형성되고부터 주로 피지배계급에 의해 이루어졌다. 지배계급인 양반은 시문학 창작, 명상, 활쏘기 등을 통해 개인의 신명을 발산하지 않고 수렴하는 신명맺음[7]을 했고,

---

7) 허원기, 『판소리의 신명풀이미학 e-book』, 박이정, 2001, 34쪽.

〈그림 10〉
조선시대 양반의 활쏘기[8]

집단 차원에서 신명을 발산하는 신명풀이는 유교 윤리에 어긋나는 것으로 여겨 애써 배척했다. 그에 비해 피지배계급인 민중은 개인의 신명을 맺히게 두지 않고 마을굿과 대동놀이를 통해 '풀이'로 실현시켰다. 양반은 신명맺음으로 개인의 신명을 개인이 알아서 다스리는 데 그쳤지만, 민중은 신명풀이를 통해 개인의 흥겨움과 함께 집단의 공동체성 강화와 문화창조의 방향을 설정하는 데까지 이르렀다. 전통사회에서 민중은 인간의 보편적인 마음상태인 신명을 '풀이'라는 창조적인 방법으로 승화시켜 당대의 가치 있는 문화로까지 발전시켰다.

현대사회에 와서는 신명풀이를 하는 집단이 전통사회의 집단과

---

8) 사진 출처:「활쏘기: 5147」,『한국저작권위원회 공유마당, 한국사진사연구소』, https://gongu. copyright.or.kr/gongu/wrt/wrt/view.do?wrtSn=342660&menuNo=200150

다른 변화 양상을 보이게 된다. 현대사회는 계급은 붕괴되었지만, 이를 대체하는 새로운 지배형태로서 엘리트와 대중이라는 차별된 '계층'이 형성되었다. 여기서 엘리트는 지배계층, 대중은 피지배계층[9]으로 주로 해석된다. 현대사회의 두 계층은 전통사회의 두 계급에서 나타난 신명의 맺음 및 풀이 양상과 달리, 모두 신명풀이를 하고 있다. 전통사회의 지배계급이 유교적 윤리문제 때문에 배척할 수밖에 없었던 신명풀이가 현대사회의 지배계층에게는 아무런 문제없이 수용된다. 즉, 현대사회에서는 유교윤리에 따른 구속에서 모두 해방되었기에 지배계층과 피지배계층이 모두 신명풀이를 할 수 있게 되었다. 하지만 계층을 막론하고 이루어지는 신명풀이가 현대인의 상처받은 정신을 일정하게 치유해줄 수는 있으나, 부당한 현실을 개조하려는 의식을 함양시켜 문화창조의 방향을 제시하는 데까지 이르지는 못한다. 후자는 기본적으로 마을사회에서 탈춤과 판소리 같은 서사문학적 성격을 띤 민속예술의 역동적인 연행을 통해 나타나는데, 오늘날에는 마을사회에 이러한 민속예술이 폭넓게 연행되지 않기 때문이다. 그러기에 현대사회의 신명풀이는 전통사회의 신명풀이와 달리, 미래문화로의 계승가치가 두드러진 당대문화로까지 발전되지는 못하고 있다.

신명풀이의 '목적'을 보자. 전통사회의 신명풀이와 현대사회의 신명풀이는 그 목적이 분명히 다르다. 전통사회의 신명풀이는 주로 마을 단위의 세시행사와 신앙활동을 하는 과정에서 이루어졌다. 이러한 행위는 나와 가족의 안녕과 마을공동체의 번영을 목적으로 매년 반복적으로 이루어져야 하는 의무적인 것이었다. 정초에 지신밟기를

---

9)   성해영, 「정치엘리트와 대중의 관계」, 『고시계』 464, 고시계사, 1995, 340~341쪽.

〈그림 11〉 정초에 지신밟기를 하고 있는 풍물패[10]

할 때 마을풍물패가 집돌이 풍물놀이를 신명나게 하지 않거나, 가무오신형 마을굿에서 풍물과 가무가 동원된 신명풀이를 하지 않는 것은 마을사회에서 용납할 수 없는 일이었다. 전통사회의 신명풀이는 일정한 기간이 되었을 때 반드시 이루어졌고, 마을공동체의 필수적인 행위였다.

그에 비해 현대사회의 신명풀이는 주로 직장, 친목모임, 동아리모임, 학교, 사회단체 구성원이 일상에서 벗어난 자유시간에 여가활동의 목적으로 이루어진다. 현대사회의 신명풀이는 주로 여가를 즐기고자 관광, 유흥, 회식, 친목도모 차원에서 이루어지는 것으로 행위의 의무성이 없다. 직장에서 회식을 할 때, 노래방에 가서 하는 음주가무의 신명풀이는 그날 회식의 분위기를 봐서 결정하므로 반드시 해야

---

10) 사진 출처: 「한국민속촌 정월대보름맞이 세시행사 진행」, 『중앙일보』, 2015년 2월 24일자, http://news.joins.com/article/17216725

하는 것이 아니다. 친목모임에서 관광을 가면 저녁 때 무도장에 가서 신명을 풀기도 하는데, 이 또한 노는 분위기가 고조되었을 때나 가능한 것이기에 반드시 해야 할 의무가 없다. 이처럼 현대의 여가 목적의 신명풀이는 전통사회의 것과 달리 주기적 순환성이 없으며, 그로 인해 행위의 의무성도 없는 것이 특징이다.

신명풀이의 '결실'을 보자. 전통사회에서 신명풀이를 통해 맺은 결실은 전술한 바와 같이 인간정신의 건강성 확보, 부당한 현실에 대한 개조의식 함양, 문화창조의 바람직한 방향제시 등 세 가지로 정리할 수 있다. 전통사회의 신명풀이 주체인 민중은 일상생활을 하는 가운데 맺힌 신명을 비일상적 시공간의 놀이와 제의영역에서 풀어냈다.

비일상의 시공간에서 탈춤, 판소리, 풍물놀이를 연행할 때, 연행자와 구경꾼은 신명풀이로 함께 소통하면서 개인의 정신을 건강하게 유지시켜나갔다. 전통사회에서 민중은 평소 권력으로부터 복종이 당연시되는 사회적 통념 속에서 정신적 고통을 받으면서 살았다. 종적으로는 지배계급의 억압과 횡포, 횡적으로는 남성의 여성차별 등이 정신적 고통의 요인이었다. 민중은 평소에 상처받은 정신을 놀이와 제의의 공간에서 신명풀이를 하면서 치유했다. 지배계급이 만든 문화의 규제를 넘어 일탈을 감행함으로써 문화에 구속된 자아로부터 벗어나 본원적 생명력으로서 신명을 풀어내는 행위를 통해[11] 죽어가는 정신에 생명을 불어넣었다.[12] 주기적으로 반복되는 민중의 이러한 신명

---

11) 한양명, 앞의 논문, 286쪽.

12) 채희완은 신명이 풀려나는 상태를 생명에너지가 가득히 충전된 상태, 창조적 에너지가 거칠 것 없이 분출되는 상태, 어디엔가 홀린 듯 기운이 생동하고 출렁이며 이윽고 살맛나는 상태라고 했다(채희완, 앞의 논문, 131쪽). 채희완의 해석을 통해 신명풀이가 일상에서의 불행을 행

풀이적 치유는 개인의 상처받은 정신을 회복시켜주는 지혜로운 처방이었다.

신명풀이의 주체인 민중은 그들의 대표적인 민속예술인 탈춤과 판소리를 연행할 때, 신명풀이를 통해 부당한 현실을 개조하려는 의식을 확립했다. 그리고 나아가 이것을 실천에 옮겨 새로운 문화를 창조하는 데까지 이르는 성과를 올리기도 했다. 신명풀이를 통해 지배계급의 관념적 허위, 신분적 특권의 잘못, 남성의 횡포라는 중세의 대표적인 지배이념들을 거부하고, 관념과 현실의 일치, 지배와 피지배의 부정, 남성과 여성의 평등을 이룩해야 한다는[13] 민주적·변혁적 사고를 통한 개조의식을 확립했다.

이러한 의식을 근간으로 한 인간세계의 평등문화 추구는 우리 사회가 이룩해야 할 바람직한 미래문화의 방향임이 자명하다. 탈춤과 판소리의 신명풀이는 이러한 문화 창조를 위한 방향을 제시했던 것이다. 특히, 판소리에서는 문화창조의 방향을 제시하는 데서 나아가 현실세계에 실천되기도 했다. 19세기에 이르러 문명의 개벽을 통해 이상세계를 추구한 동학사상을 지지하는 사회적 분위기와 신명나는 인간평등의 세상을 추구한 판소리의 신명풀이 사상이 절묘하게 맞물려 상당수의 판소리 광대가 갑오농민전쟁에 참여했다.[14] 동학과 신명풀이의 사상으로 무장한 갑오농민전쟁은 우리나라의 근대화에 지대한 영향을 끼쳤다.

복으로, 일상에서의 죽을 맛을 살맛으로 전환시켜 인간의 정신을 건강하게 치유하는 행위라는 것을 확인할 수 있다.

13) 조동일, 앞의 책, 312쪽.

14) 허원기, 앞의 책, 139-140쪽.

전통사회의 이러한 신명풀이의 세 결실은 현대사회에 접어들고부터 찾아보기 어렵게 되었다. 전통사회에서 신명풀이의 주체인 민중이 추구하는 이상은 지배계급과 차별이 없는 평등사회를 이루는 것이었다. 그런데 오늘날 계급사회가 없어지면서 이것이 표면적으로 극복되다 보니, 신명풀이의 결실들을 맺는 동기가 상대적으로 약화된 것이 사실이다. 이러한 사회적 양상으로 인해 과거 계급모순의 극복을 위해 확립된 변혁성과 창조성의 자발적 발동이 일어나기 어렵다.

전통사회에서 지배계급이 피지배계급에게 행하는 차별적 대우의 전형은 그들의 계급적 지위를 악용한 '명령'과 '복종' 그리고 '횡포'였다. 이것은 전통사회의 대다수 구성원인 민중에게 강한 정신적 고통을 주었고, 때로는 생존까지 위협할 정도였기에 그들에게 한과 분노를 품도록 만들었다. 민중은 이러한 한과 분노를 신명풀이로 극복해 나갔는데, 그 과정에서 단지 자신들의 한과 분노를 해소하는 데 그치지 않고, 건설적 비판정신을 발휘하여 바람직한 미래문화의 방향을 설정하는 데까지 이르렀던 것이다.

현대사회라고 해서 지배계층과 피지배계층이 서로 평등한 것은 아니다. 오히려 과거와 달리 교묘한 방식으로 지배계층이 피지배계층과 구별짓기를 하고 있다. 그러나 지배계층이 피지배계층에게 과거 계급사회처럼 훤히 드러나게 부당한 명령을 하거나 복종시키거나 횡포를 부리기는 어렵다. 따라서 오늘날에는 전통사회처럼 사회구성원 대다수가 대대적으로 한을 품는 일은 없다. 그런데 주목할 것은 오늘날에도 신명풀이가 꼭 결실을 맺어야 하는 조건들이 계속해서 만들어지고 있다는 점이다. 지구의 환경오염, 현대의 계층모순이 만들어낸

다양한 현실문제가 바로 그것이다. 계급모순을 극복했지만, 그 뒤 계층모순과 생명모순이라는 또 다른 더 심각한 모순[15]이 생기게 된 것이다. 하지만 이러한 모순이 당장 사람들을 분노하게 만들지는 않는다. 계층모순으로 대변되는 엘리트의 대중 기만,[16] 생명모순으로 대변되는 자연과 인간의 상호 파괴 등은 문제에 대한 깊은 이해 없이는 인지하기가 어렵기 때문이다. 그래서 과거 신명풀이를 통해 맺은 결실을 오늘날 다시 이룩하고자 하는 주체적인 노력이 부족할 수밖에 없다.

다만, 1970년부터 20여 년간 이루어졌던 탈춤과 마당극의 부흥운동에서 신명풀이의 변혁적 결실을 맺고자 노력한 사례가 주목된다. 1970년대 군사정권의 폭압과 그에 대한 저항이 분출되던 정치적 상황에서 탈춤과 마당극[17]이 당대의 군사통치에 대한 불만을 터뜨려 그들을 무너뜨리는 데 상당한 기여[18]를 했다. 그 과정에서 탈춤과 마당극으로 군사정권을 향해 투쟁한 젊은 주체들은 부당한 현실을 개조하려는 의식을 확립했다. 그러나 이를 발전시켜 문화창조의 바람직한 방향을 제시하는 데까지 이르지는 못했다고 평가받는다.[19] 피해자의 외침을 들려주는 데 그치지 않고 가해자를 바르게 이끄는 길을 열

---

15) 임재해, 『민속문화의 생태학적 인식』, 당대, 2002, 22-23쪽.

16) 문화산업의 생산주체인 엘리트는 대중을 위해 문화산업의 결과물을 만들어 계몽한다고 하지만, 그들에 의해 만들어지는 것은 인간의 삶의 질 상승과는 무관한 대량 복제의 비문화적인 상품이자 반계몽적인 결과물로서, 이는 대중을 기만하는 것과 다름없다(Th. W. 아도르노 · M. 호르크하이머 지음, 김유동 옮김, 「문화산업: 대중 기만으로서의 계몽」, 『계몽의 변증법』, 문학과 지성사, 2001).

17) 김방옥, 「마당극 연구」, 『한국연극학』 7, 한국연극학회, 1995, 230쪽.

18) 조동일, 앞의 책 250-251쪽.

19) 위의 책, 251쪽.

〈그림 12〉 놀이패 신명의 마당극 「일어서는 사람들」 공연 장면[20]

기까지 해서 다음 세대의 문화를 새롭게 창조하는[21] 작업까지는 하지 못한 것이 아쉬운 점이다.

---

20) 사진 출처: 「연극, 정치와 만나다」, 『한겨레』, 2012년 7월 1일자, http://www.hani.co.kr/arti/culture/culture_general/540374.html

21) 위의 책, 252쪽.

3.
신명풀이의 판문화콘텐츠로서 계승

　　신명풀이를 당대의 가치 있는 문화로 발전시키기 위해서는 과거에 맺은 신명풀이의 세 결실을 다시 실현해야 한다. 이를 이루기 위해서는 무엇보다 전통사회 신명풀이의 '목적'을 수용하는 것이 필요하다. 오늘날의 신명풀이 목적을 여가활동은 물론 나와 가족의 안녕, 그리고 공동체 번영의 기원이라는 제의적인 목적으로까지 진전시킬 필요가 있다.

　　하지만 문제가 되는 것은 오늘날 이러한 목적달성을 위한 신명풀이의 '판'이 과거와 다르다는 점이다. 과거의 판은 마을사람들에 의해 만들어진 대규모의 공동체적 공간이었지만, 현재의 판은 도시사회의 직장이나 친목모임에 의해 만들어지는 소규모의 집단적 공간이다. 과거의 판은 마을공동체가 발휘하는 예술적 창조성을 바탕으로 계승가치가 두드러진 역동적인 문화를 만들었지만, 현재의 판에서는 공동체 기반의 예술적 창조성이 발휘되지 못해 그러한 문화를 만들지 못하고 있다. 그러므로 오늘날 대중이 즐기는 도시의 여가목적 신명풀이에서는 판은 있되, 역동적 예술성과 창조성이 발휘되는 판문화가 없는 셈이다.

또한 과거의 판은 마을사회에서 주기적인 반복에 따라 의무성을 지닌 필수 행위였기에 대규모 공동체의 결집된 참여가 가능했다. 그렇지만 현대의 판은 마을사회를 벗어난 상태에서 주기적 반복이 없고 의무성도 없는 선택적 행위에 가깝기에 대규모 공동체의 결집된 참여를 이끌어내는 데는 한계가 있다. 따라서 현대사회 신명풀이의 판에 나타난 한계를 극복하기 위해서는 오늘날에도 신명풀이를 주기적으로 반복할 수 있는 여건을 만들고, 판의 형태를 소규모의 집단적 공간에서 대규모의 공동체적 공간으로 확대해야 한다. 그렇다고 대중을 대상으로 전통사회의 판을 똑같이 모방하여 과거의 신명풀이를 강요하지는 못한다. 오늘날 대중에게 익숙하고, 과거 신명풀이판의 양상을 실현하기에 적합한 문화매체를 찾아 이를 통해 실현시켜나가는 것이 바람직하다.

오늘날 신명풀이의 세 결실을 다시 이루는 판문화를 만들어내는 대상으로 '문화콘텐츠'가 주목된다. 문화콘텐츠는 문화를 활용하여 집단의 문화와 경제를 발전시키는 창조적인 생산물이다. 문화콘텐츠가 처음에는 경제적 부가가치 창출의 수단으로 활용되었지만, 현재는 경제수익 창출은 물론 사람들의 문화적 삶의 질 향상에도 기여하는 쪽으로 발전하고 있다.[22] 문화콘텐츠를 디지털콘텐츠와 비디지털콘

---

22) 김진형, 「지자체 문화콘텐츠의 멀티유즈화 현상과 지역문화적 가치」, 『인문콘텐츠』 32, 인문콘텐츠학회, 2014a, 164쪽.

텐츠로 양분할 때, 이 중 사회구성원들의 유대관계 향상에 두드러지게 공헌하는 것은 비지털콘텐츠다. 비디지털콘텐츠는 디지털콘텐츠와 달리 현실세계의 아름다움, 향기, 긴장감, 역동성을 그대로 체험할 수 있으며, 이를 통해 인간 안에 양분된 정신과 신체를 평등하게 하는 기능을 발휘하기 때문이다.[23] 비디지털콘텐츠 안에서 전통사회의 판문화가 발휘될 수 있는 대표적인 유형을 꼽자면, 축제콘텐츠와 공연콘텐츠가 있다. 이 두 유형의 문화콘텐츠를 통한 판문화의 실현 가능성은 판문화의 개념을 통해 확인할 수 있다.

> 판문화란 일정한 수준의 연행을 근거로 양방향 소통의 공동체
> 를 이루는 현재진행형의 역동적 상황이다.[24]

위 개념을 문화콘텐츠에 적용하면, 판문화를 실현시키는 콘텐츠, 즉 판문화콘텐츠[25]가 성립된다. 여기서 전통사회에 나타난 판의 문화를 담는 판문화콘텐츠가 과거 신명풀이의 결실들을 다시 맺을 수 있는 최적화된 대상임이 확인된다. 현재의 신명풀이에 결핍된 부당한 현실의 개조의식 함양과 문화창조의 바람직한 방향제시는 실제로 위 개념이 적용된 판문화가 이루어졌을 때 가능하기 때문이다. 결국 판문화는 신명풀이의 결실들을 맺게 하는 가장 기본적이며 필수적인 토

---

23) 김진형, 『문화콘텐츠와 멀티유즈 전략』, 민속원, 2015, 70-71쪽.

24) 임재해, 「민속에서 '판'문화의 인식과 인문학문의 길찾기」, 『민족미학』 11권 1호, 민족미학회, 2012, 23쪽.

25) 김진형, 「문화콘텐츠의 육성기반과 판문화의 가치 적용」, 『민속연구』 29, 안동대학교 민속학연구소, 2014b, 110-111쪽.

대가 된다. 그러므로 판문화가 적용된 판문화콘텐츠는 오늘날의 신명풀이에 과거 결실들을 다시 이루게 하는 핵심적인 토대로 거듭날 가능성이 내재되어 있다.

판문화콘텐츠는 콘텐츠에 판문화를 형성시켰을 때 성립될 수 있는 개념으로, 그 종류가 딱히 정해져 있지는 않다. 다만 축제콘텐츠와 공연콘텐츠가 판문화를 형성하기에 매우 용이한 대상인 것은 확실하다. 과거의 축제와 공연예술은 판문화를 실현시키는 전형적인 민속이었고, 현재에도 이 둘은 일정한 공간에서 역동적인 연행을 통해 소통공동체를 만들기도 하므로 판문화로 발전시키기에 적합한 대상이다.

축제콘텐츠와 공연콘텐츠는 오늘날 지역사회에서 문화진흥을 위해 가장 폭넓게 개발되는 문화콘텐츠 유형이다. 현재 우리나라에서는 지역단위의 수많은 축제에서 공연을 통해 신명풀이가 이루어진다. 그러나 신명풀이가 이루어지고는 있지만, 전통사회에 나타난 신명풀이의 세 결실이 모두 맺어지는 것은 찾아볼 수 없다. 신명풀이의 세 결실 가운데 인간정신의 건강성 확보는 일정하게 이루어진다고 할 수 있지만, 나머지 두 결실은 거의 이루어지지 않는다. 이것은 문화계승론의 시각으로 봤을 때 뚜렷하게 확인된다.

문화계승론적 관점에서 '수용'은 문화를 있는 그대로 받아들이는 일이며, '변용'은 문화를 바람직한 양식으로 변화시키거나 재창조해서 받아들이는 일이다. 과거의 문화를 현대적으로 계승하기 위해서는 현대적 수용과 변용이 함께 이루어져야 한다.[26] 이러한 관점에서 오늘날의 축제와 공연을 엄밀히 따져보면, 과거의 신명풀이문화에 대한

---

26) 임재해, 앞의 책, 54-55쪽.

수용은 있되 현실문화로의 변용은 거의 없다고 할 수 있다.

한국의 대표적인 축제콘텐츠인 안동국제탈춤페스티벌을 예로 들어보자. 이 축제에서는 하회탈춤을 비롯한 전국의 주요 탈춤들이 과거의 내용 그대로 연행된다. 이것은 과거의 것을 현시대에 그대로 받아들여 내용을 공유하기에 현대적 수용에 해당한다. 하회탈춤의 현대적 수용은 전통사회의 양반과 민중, 남성과 여성 사이에서 생긴 갈등과 그에 따른 전통사회의 민중의식을 이해하는 기능을 한다. 이와 함께 탈춤의 마무리에 해당하는 뒷놀이를 통해 관중과 배우가 함께 춤을 추면서 신명풀이도 한다. 이처럼 과거의 것에 대한 현대적 수용은 전통문화를 이해하는 데 도움을 줄 뿐만 아니라, 일정한 신명풀이를 통해 현대인의 정신건강 증진에도 일조한다. 그러나 안동국제탈춤페스티벌의 탈춤공연은 과거의 탈춤을 현대적으로 수용하는 데 그치고 있어 인간정신의 건강성 확보를 제외한 신명풀이의 나머지 두 결실을 맺지는 못한다.

안동탈춤축제에서는 부수행사로 창작탈춤대회를 한다. 이때 간혹 사회문제를 풍자하는 창작탈춤팀이 나온다. 그런데 이런 팀에서 옛날 탈춤에 나타난 사회풍자 원리를 적용한 사례는 볼 수 없었다. 일반시민으로 구성된 아마추어팀이기 때문에 어쩔 수 없는 것 같다. 사회문제에 대해 하소연만 했을 뿐, 이것이 잘못되었으니 고쳐서 앞으로는 이런 방향으로 나아가야 한다는 전망을 제시하지는 못했다. 이 연극 안에 신명풀이나 예술을 기대하는 것은

〈그림 13〉 안동국제탈춤페스티벌의 창작탈춤경연대회 공연 장면[27]

사실 어렵다.[28]

　　안동국제탈춤페스티벌에서는 국내 주요 탈춤의 공연과 함께 창
작탈춤대회도 별도로 운영하고 있다. 하지만 주제의 다양성과 표현의
자율성 발휘를 표방하는 창작탈춤대회마저 신명풀이의 나머지 두 결
실을 맺지 못하고 있다는 것이다. 신명풀이연극을 통한 부당한 현실
의 개조의식 확립과 문화창조의 바람직한 방향 설정이라는 두 결실은
신명풀이연극의 원리에 따라 현실의 문제가 예술적으로 표현되어야
이루어질 수 있다.

---

27)　사진 제공: 안동축제관광재단, www.aftf.or.kr
28)　면담일: 2015년 10월 26일, 면담자: 안동축제관광재단 안동국제탈춤페스티벌 관계자 이○○ 씨.

전통사회의 신명풀이연극은 전체를 앞놀이, 탈놀이, 뒷놀이로 나눈다. 앞놀이와 뒷놀이를 할 때는 연기자와 관중이 아무런 구별 없이 모두 대등한 자격으로 함께 어울려 춤을 춘다. 탈놀이를 할 때는 탈을 쓴 연기자가 등장인물들의 배역을 나누어 연기를 하면서 서로 싸우고, 관중은 관중석에서 구경하면서 그 싸움에 이따금 개입한다. 탈놀이가 진행되는 가운데 춤대목에서는 일정한 간격을 두면서 서로 싸우던 등장인물들이 함께 어울려 춤을 춘다. 춤대목의 앞뒤에서 벌어지는 탈놀이의 싸움과 춤대목의 화합, 다시 탈놀이의 싸움과 앞놀이 · 뒷놀이의 화합을 함께 보여준다.[29] 여기서는 상하나 우열을 뒤집어 패배자를 조롱하고 박해하자는 것이 아니다. 그런 구별은 원래 있을 수 없어 함께 춤을 추면서 대등하고 평등하다는 것을 재확인하게 된다.[30] 그 과정에서 관중은 화해의 결과를 두고 상과 하, 우와 열의 입장에서 열린 사고로 토론하는 자세를 취한다. 이러한 기본적인 원리를 통해 현실의 주체적 극복과 대안문화의 창조적 생성을 보여주게 된다. 신명풀이의 값진 두 결실은 이와 같은 신명풀이연극의 기본원리에 입각하여 지금 여기의 문제를 다루면서 비판하고 그 대안을 마련했을 때 얻을 수 있는 결과다.

오늘날 많은 지자체에서 축제를 펼칠 때 지역민의 안녕과 지역사회의 번영을 염원하는 제의적 행위를 하고 있다. 축제의 시작과 끝에 지역풍물단이 풍물놀이를 하고, 축제프로그램의 하나로 지역무당이 주관하는 재수굿이 펼쳐지며, 폐막식 때 달집태우기를 하는 사례들

---

29) 조동일, 앞의 책, 479~480쪽.

30) 위의 책, 479쪽.

을 어렵지 않게 볼 수 있다. 현대사회의 축제콘텐츠가 세시행사로서 주기적 반복성과 제의적 성격을 발휘하는[31] 사례가 나타나는 것이다. 여기에 주목할 때, 이러한 세시성과 제의성이 발휘되는 축제콘텐츠가 다른 문화콘텐츠 유형과 연계하여 신명풀이의 세 결실을 맺는 판문화 콘텐츠로 거듭나기 위해서는 축제콘텐츠 안에 역동적인 신명풀이 공연콘텐츠를 개발해서 운영하는 것이 기본이다. 여기서 신명풀이 공연콘텐츠는 과거 신명풀이연극의 수용과 함께 기본원리를 적용하여 오늘날 우리 사회의 다양한 현실문제와 이를 극복하는 구체적인 내용을 드러내는 창조적인 연극까지 만들어내야 한다. 이와 같은 창조적인 연극이 인류문화 창조의 새로운 방향을 제시하는 데까지 도달했을 때 신명풀이 세 결실이 비로소 실현될 수 있다.

---

31) 류정아, 「지역문화콘텐츠 개발의 이론과 실제: 축제를 중심으로」, 『인문콘텐츠』 8, 인문콘텐츠학회, 2006, 43쪽.

4.
신명풀이의 판문화콘텐츠 멀티유즈화

신명풀이는 판문화의 결과물이다. 문화콘텐츠의 갈래적 관점으로 볼 때 판문화콘텐츠의 하위범주에 신명풀이콘텐츠가 자리 잡고 있다. 판문화콘텐츠는 '영역'에 바탕을 둔 콘텐츠 개념이며, 신명풀이콘텐츠는 '행위'에 바탕을 둔 콘텐츠 개념으로서, 판문화라는 영역 안에서 신명풀이라는 행위가 이루어지기 때문이다. 이러한 신명풀이콘텐츠는 기능 면에서 문화관광콘텐츠이기도 하다. 왜냐하면 현실세계에서 지역민과 관광객에게 문화관광체험의 형태로 신명풀이를 제공하는 콘텐츠이기 때문이다. 이러한 신명풀이콘텐츠가 문화관광에서 가치의 극대화를 발휘하기 위해서는 기본적으로 '멀티유즈(Multi-Use)'를 이루어내야 한다.[32] 문화관광콘텐츠에서의 멀티유즈란 '지역의 일정한 문화자원을 다양한 문화콘텐츠 영역으로 연계시켜 사람들에게 문화관광체험의 만족을 극대화시키는 전략'으로 규정할 수 있다.

---

32) 김진형, 앞의 논문, 2014a, 176-177쪽.

판문화라는 필수적인 토대 위에서 실현되는 신명풀이콘텐츠는 멀티유즈화를 통해 신명풀이체험의 극대화를 이룬다. 신명풀이콘텐츠의 멀티유즈화를 이루기 적합한 유형으로는 앞서 논의한 비디지털콘텐츠인 '축제콘텐츠'와 '공연콘텐츠'를 비롯하여 '전시콘텐츠'와 '교육콘텐츠' 등을 꼽을 수 있다. 이 네 가지 문화콘텐츠 유형은 비디지털콘텐츠 범주의 멀티유즈 핵심유형 중 연행(Performance)으로 성립되는 유형 및 연행이 가능한 유형이다.[33] 축제와 공연은 기본적으로 연행을 통해 성립되는 콘텐츠이며, 전시와 교육도 최근에는 큐레이터와 교육강사의 일정한 연행을 바탕으로 한 체험전시와 체험교육이 주목받고 있기 때문이다.

신명풀이콘텐츠의 멀티유즈화는 크게 두 가지 측면에서 기획될 수 있다. 첫째로 '수용에 의한 신명풀이콘텐츠 멀티유즈화', 둘째로 '변용에 의한 신명풀이콘텐츠 멀티유즈화'가 그것이다. 전자는 과거에 나타난 신명풀이의 내용을 그대로 오늘날의 다양한 문화콘텐츠 유형에 연계시켜 개발하는 것이다. 그리고 후자는 과거에 나타난 신명풀이를 오늘의 현실에 맞는 내용으로 재창조하여 다양한 문화콘텐츠 유형에 연계시켜 개발하는 것이다.

수용과 변용의 논리가 적용된 멀티유즈화의 두 방안을 안동의 하회탈춤 사례에 응용해보겠다. 이 두 가지 기획논리는 제각기 구상될 수도 있지만, 문화콘텐츠의 멀티유즈 개별유형마다 수용과 변용이 순차적으로 적용되었을 때 효과적이다. 수용을 통한 과거의 것 그대로의 이해에서 나아가 변용을 통해 과거 맥락에 기반을 둔 현실 이해로

---

33) 김진형, 앞의 책, 75쪽.

발전시킬 수 있기 때문이다. 이것을 하회탈춤에 실제로 적용해보면, 축제, 공연, 전시, 교육 등의 개별 문화콘텐츠 유형마다 하회탈춤에 나타난 신명풀이 내용을 수용 차원에서 이해한 다음, 변용 차원에서 다시 이해하는 순으로 이동한다.

신명풀이는 판에 뛰어들 수 있게 하는 배움의 과정이 필요한데,[34] 이는 '교육콘텐츠'가 담당할 수 있다. 신명풀이 측면에서 만들어진 수용과 변용이 결합한 하회탈춤 교육콘텐츠는 교육을 받는 사람들에게 해당 놀이의 연행내용에 나타난 신명풀이 양상을 온전히 이해시키고, 나아가 신명풀이의 현대적 재창조 양상과 미래가치까지 이해시킬 수 있게 된다. 결국 이러한 교육콘텐츠를 체험한 사람들은 신명풀이의 수용에 따라 하회탈춤을 이해하여 해당 놀이의 실제 연행현장에서 신명풀이를 주체적으로 할 수 있게 된다. 또한 신명풀이의 변용에 따라 재창조된 연극을 새롭게 이해함으로써 신명풀이문화를 창조적으로 기획하는 역량도 획득한다.

이와 같은 교육콘텐츠가 실현되기 위해서는 교육강사가 하회탈춤에 나타나는 신명풀이를 수용하고 변용할 수 있는 전문적인 역량을 갖추는 것이 필수다. 이러한 내용의 하회탈춤 교육콘텐츠는 시작해서 교육하고 끝내는 과정을 탈춤의 앞놀이, 탈놀이, 뒷놀이의 형식으로 기획한다. 이 형식에 신명풀이의 기본원리를 적용하여 교육의 시작을 앞놀이로, 교육의 끝을 뒷놀이 형태로 구성하여 교육강사와 참여자가 함께 춤추는 과정을 마련한다. 이러한 대동의 춤판을 통해 가르치는 사람과 배우는 사람이 종속적인 관계가 아니라 평등한 관

---

34) 조정현, 앞의 논문, 99쪽.

계라는 것을 공유한다. 본격적인 교육에 들어가서는 마치 탈놀이를 하듯이 교육강사와 참여자가 적극적으로 소통하는 자세를 취한다. 수용문화로서 하회탈춤과 변용문화로서 신명풀이연극에 대한 이해 과정을 마치면, 교육강사와 참여자가 모두 하회탈춤과 신명풀이연극 의 배우가 되어 주제를 두고 서로 싸우면서 화해하는 과정을 반복하 다가 결국 춤으로써 화해하는[35] 신명풀이교육의 장을 마련한다. 여기 서 나아가 참여자들이 교육을 마친 뒤에도 열린 사고를 가지며 자신 들이 연행했던 주제에 대해 토론하여 집단의 지성으로 인류가 추구하 는 미래문화의 방향을 제시하는 데까지 도달했다고 하자. 이것이 바 로 신명풀이콘텐츠로서 교육콘텐츠의 진정한 가치가 실현된 역동적 인 모습이라 할 수 있다.

수용자의 입장에서 하회탈춤의 신명풀이콘텐츠에 관한 멀티유 즈 네 유형 중 가장 먼저 체험하기에 적합한 것은 교육콘텐츠다. 교 육콘텐츠를 체험함으로써 신명풀이를 이해할 수 있는 시각이 생기 고, 이것을 주체적으로 창조할 수 있는 방법을 터득할 수 있기 때문 이다. 이를 바탕으로 멀티유즈화된 다른 신명풀이콘텐츠 유형을 효 과적으로 체험할 수 있다.

하회탈춤을 활용한 신명풀이콘텐츠의 멀티유즈 네 유형 중 '공연 콘텐츠'는 안동국제탈춤페스티벌이라는 '축제콘텐츠' 안에 자리 잡게 하는데, 축제콘텐츠 안에 공연콘텐츠가 귀속되도록 하는 것이다. 신 명풀이콘텐츠에서 공연콘텐츠는 축제콘텐츠 안에 귀속된 상태일 때 신명풀이의 시공간과 연행의 분위기가 제대로 갖추어진다. 과거 마을

---

35) 조동일, 앞의 책, 321쪽.

사회에 나타난 축제와 공연의 신명풀이 연행현장이 이와 같은 모습이었던 까닭이다. 따라서 이러한 조건이 갖추어져야 공연콘텐츠를 통한 신명풀이의 결실들이 바람직하게 맺어진다.

전술한 바와 같이 축제콘텐츠는 세시성과 제의성이 발휘되도록 기획하고, 이를 바탕으로 공연콘텐츠를 연행하게 한다. 신명풀이의 기본원리가 적용된 하회탈춤의 공연콘텐츠는 수용적 차원에서 미리 체험할 수 있게 하고, 뒤이어 변용적 차원에서 재창조된 신명풀이연극도 체험할 수 있도록 한다. '교육콘텐츠'를 통해 신명풀이를 이해하고 즐기며 창조하는 역량을 계발한 체험자들은 '축제콘텐츠' 안에서 이루어지는 수용과 변용의 논리가 적용된 두 '공연콘텐츠'를 관람하게 된다. 교육을 통해 습득한 체험자들의 신명풀이 지식은 신명풀이에 관한 축제 및 공연의 자발적 참여과정에서 과거와 현재의 현실모순에 대한 개조의식을 확립하고, 나아가 바람직한 미래문화를 주체적으로 구상할 수 있는 창조적인 지혜의 산물이다.

마지막으로, 하회탈춤의 신명풀이콘텐츠로서 '전시콘텐츠'는 축제 및 공연콘텐츠와 달리 사람들에게 신명풀이의 상시적인 체험을 가능하게 한다. 교육콘텐츠를 비롯하여 축제 및 공연콘텐츠는 사전에 정해진 날에만 체험할 수 있는 일시콘텐츠 형태를 갖추어야 제 기능을 발휘하지만, 전시콘텐츠는 오히려 상시콘텐츠[36] 형태를 갖추었을 때 제 기능을 발휘할 수 있다. 축제콘텐츠와 공연콘텐츠는 신명풀이 체험이 비일상의 시공간에서 일시적으로 이루어질 때 이상적인 것이

---

36) 문화콘텐츠는 향유적 기준으로 볼 때 크게 상시콘텐츠와 일시콘텐츠로 나눈다. 여기서 상시콘텐츠는 체험자가 상시적으로 향유할 수 있는 콘텐츠, 일시콘텐츠는 체험자가 일시적으로 향유할 수 있는 콘텐츠를 말한다(김진형, 앞의 책, 33쪽).

며, 교육콘텐츠는 이러한 일시적인 신명풀이를 이상적으로 체험하기 위해 이론적으로 뒷받침한다.

이와 달리 전시콘텐츠는 일시콘텐츠 형태로 만들 필요가 없다. 일시콘텐츠에서의 신명풀이 체험이 그리울 때, 바로 찾아가서 체험할 수 있게 하는 상시콘텐츠 형태를 만들어낼 수 있기 때문이다. 이러한 상시콘텐츠로서 전시콘텐츠는 '관람의 동선'에 신명풀이의 기본원리를 적용하고, 하회탈춤에 관한 신명풀이의 수용과 변용의 결과를 반영해야 한다. 전시의 도입부에 앞놀이를, 전개부에 탈놀이를, 후반부에는 뒷놀이를 응용하고, 도입부와 후반부에는 대동의 춤판에 어울리는 음악을 틀어주고 영상을 보여준다. 신명풀이를 자극하는 음악과 영상으로 구성된 전시콘텐츠의 도입부와 후반부에서는 전시를 설명하는 큐레이터와 관람자가 신명나는 전시효과를 매개로 함께 대동의 춤판을 벌인다.

이때는 큐레이터가 관람자에게 신명풀이를 일방적으로 주입하는 대상이 아니며, 관람자도 큐레이터에게 신명풀이를 배우기만 하러 온 대상이 아니다. 여기서 큐레이터와 관람자는 신명풀이의 전시콘텐츠를 함께 탐구하며 이해하는 대등한 관계다. 전시의 전개부는 먼저 수용문화로서 하회탈춤의 신명풀이 양상을 설명하는 전시물을 앞에 배치하고, 뒤이어 변용문화로서 신명풀이연극의 신명풀이 양상을 설명하는 전시물을 배치하는 순으로 구성한다. 이 전시콘텐츠의 체험자들은 큐레이터와 함께 신명풀이의 현대적 수용과 변용에 나타난 다양한 국면을 이해하고 토론하면서 신명풀이의 세 결실을 차례대로 맺어나가게 될 것이다.

4장

'국풍81'과
'박근혜 퇴진 촛불집회'의
비교분석

1.
정치적 메가이벤트의 성공과 실패

메가이벤트는 대부분 정치적이다. 왜냐하면 정치를 "일정한 목적달성을 위해 전략적으로 경쟁하는 일체의 행위나 과정"으로 규정할 때, 메가이벤트가 그 행위와 과정을 적극적으로 실천하기 때문이다. 메가이벤트의 정치성은 뚜렷하거나 희미한 '정도의 차이'가 나타날 뿐이다.

정치성이 뚜렷하게 나타나는 메가이벤트 중에는 표면적으로 유사한 형태를 보이는 것이 많다. 정치와 연동되고, 대규모 국민이 집결하며, 축제적 시공간을 형성하는 것들이 많기 때문이다. 그런데 주목할 것은 이러한 메가이벤트가 '성공'하기 위해서는 기본적으로 군중의 기대에 부응하는 목표를 공개적으로 설정해야 하고, 그것 외에 군중의 기대에 반하는 숨은 정치적 의도가 없어야 할 것이다.

이 조건에 비추어볼 때 현대사회의 '국풍81'은 실패한 메가이벤트, '박근혜 퇴진 촛불집회(이하 촛불집회)'는 성공한 메가이벤트의 대표적인 예다. 전자는 공개된 목표가 민족문화의 창달이었지만, '쿠데타 정권을 향한 국민의 분노를 잠재운다'는 숨은 정치적 의도가 깔려 있었다. 이 의도는 결국 시민이 알아차렸고, 그로 인해 실패한 행사로 전락했다. 후자는 공개된 목표가 박근혜 정권 퇴진이었다. 그 외에 숨은 정치적 의도는 없었다. 이 목표는 모든 군중의 기대에 부응하는 것이었고, 이것이 메가이벤트의 핵심동력으로 작용해 결국 성공한 행사로 마무리되었다.

정치성이 뚜렷하게 나타난 메가이벤트 중 실패한 것과 성공한 것은 각각 어떤 요소들로 구성되어 있을까. 이것이 파악되면 우선 두 메가이벤트의 실현에 관한 제 요소의 체계적인 비교가 가능해진다. 그리고 그 결과는 정치적으로 실패한 메가이벤트와 성공한 메가이벤트의 내용과 원인을 맥락적으로 이해할 수 있게 한다는 점에서 의의를 지닐 것이다. 이를 통해 정치적으로 다른 목적을 가진 두 집단이 자신들의 목적달성을 위한 메가이벤트를 기획할 때, 어떤 가치판단과 의미들을 부여했고 그것이 어떤 결과로 나타나는지를 확인할 수 있다.

이 장은 국풍81과 촛불집회를 실현하는 각각의 요소를 비교분석하는 것이 핵심이다. 구체적으로는 두 이벤트의 '표면적 실현요소에 나타난 동일성'과 '이면적 실현요소에 나타난 대립성'을 도출하여 그 특징과 의미를 체계적으로 파악한다. 나아가 앞에서 파악한 결과를 바탕으로 두 이벤트의 상반된 결과에 대한 요인을 분석하는 데까지 이르고자 한다.

논의의 전개를 위해 먼저 두 메가이벤트 관련 언론기사, 동영상, 연구논문 등의 자료를 수집한 뒤 '분석 없이도 드러나는 표면적 실현요소'와 '상황적 분석을 통해 드러나는 이면적 실현요소'를 구분해서 정리한다. 그 뒤 유사성이 나타나는 표면적 실현요소들을 추출하고 요소별 구체적인 내용을 파악한다. 다음으로 대립성이 나타나는 이면적 실현요소들을 추출하고, 요소별로 대립되는 구체적인 내용을 비교 분석한다. 그 결과를 토대로 촛불집회의 성공, 그리고 국풍81의 실패에 대한 세부요인을 파악해보고자 한다.

2.
두 메가이벤트의 표면에 나타난 '유사성'

국풍81과 촛불집회는 한국의 정치적인 메가이벤트였다는 점에서 공통분모가 있다. 이 두 메가이벤트는 표면적 실현요소의 내용에서 유사성이 나타난다. 이때 표면적 실현요소란 메가이벤트의 실현과 관련된 요소 중 겉으로 쉽게 나타나거나 눈에 바로 보이는 요소다. 요소별 구체적인 내용에 따른 유사성을 정리하면 다음과 같다.

우선, '비전(vision)' 요소의 내용이 유사하다. 국풍81은 비전이라는 것을 공식적으로 선포하지는 않았지만, 홍보성 언론보도의 내용정황을 간추려보면 '민족문화 창달을 통한 미래사회의 발전'으로 정리할 수 있다. 국풍81이 개최의 의의로 강조한 것은 민족 고유문화의 확산을 통한 왜곡된 근대화의 교정과 그에 따른 민족의 주체성 회복[1]이었다. 이러한 문화적 행위의 목적은 오늘의 복잡하고 어두운 문제에

---

[1] 「〈얘기좀 들어봅시다〉 "진정한 우리 것 한마당에 볼 기회됩니다" 「국풍81」 준비의 주역… 李元洪 KBS사장」, 『조선일보』, 1981년 5월 28일자, 9면.

머무르는 것이 아닌 새롭고 밝은 역사를 창조하는 것이었다. 이는 국풍81의 공식슬로건을 "새 역사를 창조하는 것은 청년의 열과 의지의 힘이다"로[2] 설정한 것에서도 짐작할 수 있다.

촛불집회도 공식적인 비전선포를 할 상황이 아니었다. 그러나 집회현장의 공통된 메시지, 그리고 집회의 사회적 지향점을 고려할 때 그 비전은 '현 정권의 부패 청산을 통한 미래사회의 발전'으로 정리하는 것이 가능하다. 1차 집회부터 마지막 23차 집회까지 현장의 공통된 메시지는 "박근혜를 탄핵하여 잘못된 세상을 바꾸자"는 것이었다. 또한 집회 실현의 사회적 지향점은 박근혜 정권의 부패 청산에 머물지 않고, 민주주의의 가치 제고를 통해 한국사회를 발전시키는 것이었기 때문이다. 결과적으로 국풍81과 촛불집회는 비전 요소의 내용에서 '미래 발전적 가치 추구'의 의미가 내포되어 있는 점이 유사하다.

그리고 '규모와 형식' 요소의 내용이 유사하다. 국풍81은 1981년 5월 28일부터 6월 1일까지 여의도광장에서 총 5일 동안 연인원 1,000만여 명이 참가한 것으로 집계되었다.[3] 국풍81은 1979년 제1회 전국대학생축제경연대회의 후속 축제였다. 전두환 정권은 대학생 중심의 대규모 경연대회를 모태로 삼아 국가축제로 전환시키려 했다. 정권은 국풍81을 매년 정기적으로 개최하는 연중행사 형태로 구상했지만, 정권이 포섭대상으로 삼았던 청년들의 자발적·주도적 참여를 이끌지 못하고 1회 개최로 막을 내렸다.

---

2) 「國風'81 來1日까지『地神밟기』로부터 祝祭시작」, 『동아일보』, 1981년 5월 28일자, 11면.

3) 「國風人波延千萬…「熱氣5日」 오늘밤 閉幕」, 『경향신문』, 1981년 6월 1일자, 1면.

촛불집회는 2016년 10월 29일부터 2017년 4월 29일까지 매주 토요일마다 광화문광장을 거점으로 한 전국의 크고 작은 광장에서 연인원 16,562,290명(주최 측 추산)이 참가하여[4] 총 23회가 실행된 것으로 집계되었다. 이 집회는 매년 반복적으로 개최되는 연중행사와는 차원이 다른 성격을 가졌다. 사회적 문제가 발생한 것을 자각한 구성원이 문제해결을 위해 집결하여 그 문제가 해결될 때까지만 실행되는 특수한 행사였다. 결국 문제가 해결된 뒤 곧바로 막을 내렸다. 이 두 메가이벤트는 '1,000만 이상의 대규모 국민이 광장에 집결하여 일시적으로 실행된 형식'이었다는 점에서 유사성이 포착된다.

〈그림 14〉 국풍81 행사 당시 현장의 인파[5]

---

4) 이지호·이현우·서복경, 『탄핵광장의 안과 밖: 촛불민심 경험분석』, 책담, 2017, 67쪽.
5) 사진 출처: 「여의도 광장에서 열린 겨레의 멋과 슬기를 찾는 "국풍81" 행사장에 모인 수많은 인파」, 『오픈아카이브』, http://db.kdemocracy.or.kr/isad/view/00729898

〈그림 15〉 촛불집회 당시 현장의 인파[6]

다음으로, '문화콘텐츠적 유형구조' 요소의 내용이 유사하다. 문
화콘텐츠의 유형론적 측면에서 국풍81은 축제콘텐츠였다. 행사가 진
행되는 5일 동안 여의도 일대는 차 없는 거리로 지정되었고, 야간 통
행도 일시 해제될[7] 만큼 일상과는 다른 시공간 형성의 토대를 구축했
다. 행사기간 동안 여의도 일대에는 연일 거대한 인파가 몰렸다. 이때
형성된 시공간은 일상에 지친 관중에게 다양한 재미를 부여하는 반일
상적 시공간이었고, 그 안에는 전통문화, 현대문화, 지역문화 등을 소
재로 한 매우 다양한 공연콘텐츠가 연행되었다.

---

6) 사진 출처: 「[포토] 광화문, 역대 최대 규모 촛불 밝혔다」, 『KBS뉴스』, 2016년 11월 12일자,
    http://news.kbs.co.kr/news/view.do?ncd=3376722

7) 채정수, 「스펙타클과 정치권력의 상관성 연구: '국풍81'을 중심으로」, 홍익대학교 석사학위논
    문, 2010, 43쪽.

문화콘텐츠의 유형론적 측면에서 보면 촛불집회도 축제콘텐츠였다고 할 수 있다. 당시 집회는 매주 토요일마다 반복적으로 개최되었는데, 이때 전국의 집회광장은 대부분 반일상의 축제적 시공간을 형성했다. 군중은 그 안에서 '박근혜 정권의 부패청산'이라는 통일된 목적가치를 공유했다. 결과적으로 촛불집회는 축제콘텐츠의 주요 구성요건인 주기적 반복성, 코뮤니타스, 이념적 동질성 등을 모두 갖추었다.[8] 이러한 축제콘텐츠의 장 안에서는 박근혜 정권의 부패로 판단되는 양상을 형상화한 창조적인 공연콘텐츠들이 연행되었다.[9] 이 두 메가이벤트는 문화콘텐츠의 유형구조가 '축제콘텐츠 안에 공연콘텐츠가 귀속되는 구조'를 이루었다는 점에서 유사하다.

마지막으로, '세부행사' 요소의 내용에 유사한 점이 있다. 국풍81의 세부행사는 크게 개막행사, 민속제, 전통예술제, 젊은이 가요제, 연극제, 씨름판, 팔도굿, 남사당놀이, 젊음의 합창 등으로 구성되었다. 먼저 개막행사에서는 국풍행렬, 축하비행, 불꽃놀이가 이루어졌다. 민속제와 전통예술제에서는 지정 또는 비지정 무형문화재 공연, 젊은이 가요제에서는 청년합창과 대학가요 경연대회, 연극제에서는 국내 주요 대학별 연극공연, 씨름판에서는 고등부 · 대학부 · 장사부의 씨름 겨루기가 이루어졌다. 팔도굿에서는 전국의 무당굿, 남사당놀이에서는 풍물, 줄타기, 꼭두각시놀이, 탈춤 등 남사당놀이의 다양한 종목별 연행, 젊음의 합창에서는 조용필, 전영록, 신중현 등 당대

---

8) 김진형, 「문화콘텐츠의 민중의식과 변혁적 가치로의 실천방향」, 『글로벌문화콘텐츠』 32, 글로벌문화콘텐츠학회, 2017, 9쪽.

9) 위의 논문, 11-12쪽.

인기가수들의 노래공연이 이루어졌다.[10]

촛불집회는 전국의 크고 작은 광장에서 제각기 이루어졌는데, 지역별 집회의 세부행사에 대한 정확한 구성과 내용은 알 수 없다. 이 책에서는 당시 거점이자 가장 대표성을 띤 광화문집회 사례를 중심으로 살펴보겠다. 당시 광화문집회의 주요 세부행사는 크게 공동체 행진, 광장촛불콘서트, 시민 자유발언대, 창작가면극, 폭로퍼포먼스, 풍자인형 전시, 불꽃놀이 등이었다. 먼저 공동체 행진은 집회현장에 모인 사회단체와 시민들이 각종 깃발을 비롯하여 폭로와 요구의 메시지를 적은 피켓을 들고 줄지어 이동하는 형태였다. 광장촛불콘서트에서는 '물러나! show'라는 제목으로 이승환, 노브레인 등 평소 사회발전을 위해 비판의 목소리를 낸 여러 가수의 역동적인 노래공연이 이루어졌다. 시민 자유발언대에서는 사전접수와 현장접수를 통해 발언기회를 얻은 현장의 시민이 현 시국의 문제점과 해결방향을 이야기하는 장이 마련되었다.

창작가면극에서는 박근혜와 최순실을 비롯하여 정권의 부패에 연루되었다고 판단되는 사람들의 가면을 쓰고 구체적인 문제와 최후의 결과를 말하는 모의심판적 기능의 연극이 연행되었다. 폭로퍼포먼스에서는 박근혜 정권의 각종 부패 양상을 소도구를 활용한 육체적 행위로 집약해서 폭로하는 퍼포먼스가 이루어졌다. 풍자인형 전시는 죄수복을 입고 포승줄에 묶인 대통령과 그 측근들의 대형인형이 광화문 일대에 배치되는 형태였다. 불꽃놀이는 대통령이 탄핵된 다음 날

---

10) 한양명, 「축제 정치의 두 풍경: 국풍81과 대학대동제」, 『비교민속학』 26, 비교민속학회, 2004, 479-480쪽 〈표 1〉 요약 재정리.

인 2017년 3월 11일 광화문을 비롯하여 전국의 여러 촛불집회 현장에서 이루어졌다. 이 두 메가이벤트의 세부행사 내용들을 살펴보면 크

〈표 6〉 국풍81과 촛불집회의 표면적 실현요소 및 내용

요소명	내용
비전	미래 발전적 가치 추구
규모와 형식	대규모 국민이 광장에 일시적으로 집결
문화콘텐츠적 유형구조	축제콘텐츠 안에 공연콘텐츠 귀속
세부행사	기획된 행렬, 가면극, 불꽃놀이, 대중가수 공연

〈그림 16〉 국풍81 '젊은이 가요제' 모습[11]

---

11) 사진 출처: 「[가요제] 축제의밤: 국풍81 가요제 입상(양자택일)」, 『요아킴의 아랫목의 기억』, http://joachim.pe.kr/xe/duet/2749

〈그림 17〉 촛불집회 당시 대중가수공연 현장[12]

게 '기획된 행렬', '가면극', '불꽃놀이', '대중가수 공연' 등이 공통적으로 나타났다. 이것은 두 메가이벤트가 세부행사의 구성적 특징에서도 일정한 유사성이 있다는 것을 방증한다.

---

12) 사진 출처: 「[서정민갑의 수요뮤직] 지금 부족한 것은 음악이 아니다」, 『민중의 소리』, 2016년 11월 23일자, http://www.vop.co.kr/A00001092291.html

3.
두 메가이벤트의 이면에 나타난 '대립성'

국풍81과 촛불집회에 각각 나타난 실현요소들의 내용 중 이면적 실현요소들의 내용은 표면적 실현요소들의 내용과 달리 '분석'을 통해 나타난다. 이 두 메가이벤트의 이면적 실현요소별 내용에 나타나는 대립성은 다음과 같이 분석된다.

첫째, '숨은 의도' 요소의 내용을 볼 때 국풍81은 '잘못된 현실 호도'라는 숨은 정치적 의도가 있었지만, 촛불집회는 숨은 정치적 의도가 없었다. 촛불집회의 경우 오히려 잘못된 현실을 드러내놓고 개조하려는 의지를 강하게 표출했다. 전두환 정권은 쿠데타 집권, 5.18광주민주항쟁의 폭력진압, 간접선거제도를 통한 대통령 당선 때문에 국민적 지지기반이 매우 약했다.[13] 정권은 자신들을 지지하는 통합된 국민이 필요했고,[14] 나아가 시민사회가 지지하는 정부가 되고 싶었

---

13) 한국정치외교사논총 편집부, 「10.26과 전두환 군사정권」, 『한국정치외교사논총』 15, 한국정치외교사학회, 1997, 229–284쪽.

14) 위의 논문, 260쪽.

다. 그러기 위해 구상한 것이 국민단합을 위한 문화적 이벤트인 국풍 81이었다. 국풍81은 대외적으로 민족문화의 창달을 표방했지만, 그 안에는 정부로부터 비롯한 잘못된 현실의 호도와 저항세력의 포섭이라는 숨은 의도가 깔려 있었다. 그로 인해 당시 정부와 언론은 민족문화를 통한 화합의 대축제로 찬양했지만, 다른 한편에서는 "정권의 피 묻은 자국을 문화로 씻어내려고 하는 관제의 어용행사"로[15] 인식했다. 국풍81은 공개적인 목적과 숨은 정치적 의도를 동시에 드러냄으로써 찬양적인 면과 회의적인 면이 양립했다.

한편 촛불집회는 국가권력이 아닌 시민권력이 박근혜 정권의 무능과 부패를 척결하기 위해 실행한 것으로, '박근혜 정권 퇴진'이라는 목적가치를 대외적으로 표방했다. 촛불을 든 결사체는 공개적인 목적 외에 그 어떤 숨은 정치적 의도도 없었다. 촛불집회는 정치권력집단의 사적 욕망실현을 위한 장치가 아니라, 전국의 수많은 사회단체와 시민 개개인이 연대하여 사회발전을 위해 실행한 대대적인 문화운동이었다. 집회를 실행하는 연대체는 정권 퇴진을 목표로 삼았기에 정치적일 수밖에 없었고, 주류 야당과의 관계나 대선 대응에 민감할 수밖에 없었다. 그러나 이들은 정치권과 필요에 따라 사안별로 협력은 가능하되 분명하게 거리를 두는[16] 방식의 독자성을 유지했다.

촛불집회의 성립과 관련하여 2016년 9월 20일 한겨레신문의 "미르·K스포츠재단에 최순실 관여" 보도와 10월 24일 JTBC 뉴스룸의

---

15) 임진택 증언(「이제는 말할 수 있다: 허문도와 국풍81」, MBC, 2005년 4월 10일 제90회 방송에서 내용 발췌, https://www.youtube.com/watch?v=Q49vOupSTc4&t=2258s, 검색일자: 2018년 6월 27일).

16) 최영준·최일봉, 『박근혜 퇴진 촛불운동: 현장 보고와 분석』, 책갈피, 2017, 27-28쪽.

"최순실 태블릿 PC" 보도가 집회의 방향을 정하고 속도를 가속화시키는 데 중요한 계기가 된 것은 분명하다.[17] 그러나 사회변혁을 추구하는 대규모 문화운동으로서 촛불집회 작동의 동력은 이 두 사건만으로 한정할 수 없다. 박근혜 정부의 집권 중에 일어난 세월호 참사, 메르스 사태, 한일위안부 합의, 한일군사정보보호협정 체결, 사드 배치 같은 대중적 공분을 자아낸 사건은 물론, 경제위기에 따른 노동분야 긴축정책[18] 등 다양한 일이 누적되어온 데서 비롯된 것으로 볼 수 있다. 집회의 군중은 이러한 잘못된 현실의 다양한 국면을 정확히 인식하고, 이를 '개조'하고자 촛불을 들었다. 결과적으로 촛불집회의 실현 집단은 박근혜 정권 퇴진이라는 목적가치를 공유하는 사람들에 한정한 집단이었으므로 그러한 목적가치에 반하는 다른 숨은 의도는 설정될 수 없었다.

둘째, '결정방식' 요소의 내용을 볼 때 국풍81의 결정은 '개인의 독단적 방식'이었지만, 촛불집회의 결정은 '다수의 민주적 방식'이었다. 국풍81은 허문도가 만든 작품을 전두환 개인이 구매를 결정했다고 해도 과언이 아니다. 이 행사의 추진을 위한 공문서 입안자는 당시 청와대 정무1비서관이었던 허문도였고, 최종결재자가 전두환이었다. 당시 수석비서관회의에서 허문도는 국풍81 추진의 필요성을 강조했다. 그때 수석비서관이던 우병규, 이상주, 김길홍은 이를 반대했다. 허문도는 이에 굴하지 않고 당시 대학생들이 만든 국풍81 반대유인물의 내용을 직접 읽으면서 전두환을 자극했다. 이 상황에서 화가 난 전

---

17) 이지호 · 이현우 · 서복경, 앞의 책, 16쪽.

18) 최영준 · 최일봉, 앞의 책, 22쪽.

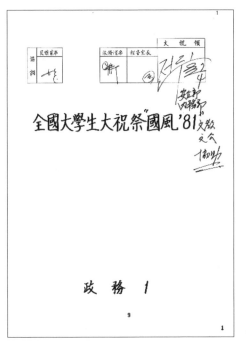

〈그림 18〉 국풍81 추진 공문서 1장[19]

두환은 국풍81의 추진을 바로 승낙했다.[20] 이에 대해 전두환은 당시 상황을 다음과 같이 증언했다.

"많은 학생들 가운데 거 또 불온유인물 돌려서 국풍81 반대를 하고 그러드만. 나중에 보니깐. 그래서 난 일부러 하라 그랬어요."(전두환 증언)[21]

---

19) 그림 출처: 「전국대학생대축제 "국풍'81"」, 『연표와 기록 시대의 변화를 담다』, 국가기록원, http://theme.archives.go.kr/viewer/common/archWebViewer.do?singleData=Y&archiveEventId=0049320660

20) MBC, 앞의 방송에서 관련 내용 요약 발췌.

21) 전두환 증언(위의 방송에서 내용 발췌).

〈그림 19〉 국풍81 행사준비현장을 시찰하는 전두환 대통령[22]

당시 전두환은 허문도에 대한 신뢰가 매우 두터웠다.[23] 국풍81은 허문도 개인에게 모두 일임되어 기획·추진되었다. 전두환은 당시 수석비서관들의 반대에도 일개 비서관이 구상한 일을 바로 실행시키도록[24] 독단적으로 결정했다.

한편 촛불집회의 연속개최는 개인 또는 특정 단체가 아닌 수많은 시민의 강한 의지가 결정을 이끌어냈다고 볼 수 있다. 10월 29일에

---

22) 사진 출처: 「전두환대통령 여의도 국풍81 행사준비현황 시찰」, 『연표와 기록 시대의 변화를 담다』, 국가기록원, http://theme.archives.go.kr/next/chronology/archiveDetail.do?flag=3&page=376&evntId=0049319597&sort=name

23) 김정해, 「역대 대통령부의 조직학습과정 분석: 대통령 리더십과 비서실 조직의 학습과정 중심으로」, 이화여자대학교 박사학위논문, 2001, 150쪽.

24) 김지연, 「전두환 정부의 국풍81: 권위주의 정부의 문화적 자원동원 과정」, 이화여자대학교 석사학위논문, 2013, 32쪽.

열린 1차 촛불집회는 시민공동체가 오랜 기간을 두고 치밀하게 준비한 것이 아니라, 민중총궐기 투쟁본부[25]가 짧은 기간에 '급작스럽게' 준비한 것이다. 이는 1차 촛불집회 공지문의 1번 내용에 잘 나타난다.

> 1. 오늘 촛불집회는 10월 29일 오후 6시 청계광장입니다. 집회가 급작스럽게 잡히다 보니 시간, 장소에 대한 문의가 많은데 착오 없으시길 바랍니다.[26]

민중총궐기 투쟁본부는 11월 12일, '전태일 열사 정신계승 전국노동자대회 민중총궐기' 6차 집회를 준비하고 있던 상태에서 별도의 촛불집회를 부가적으로 기획했다. 민중총궐기 투쟁본부는 자신들의 공식 페이스북에 2016년 10월 29일 6시 청계광장에서 촛불집회를 개최할 것이라고 공지했다. 공지 당시에는 이후 구체적인 계획에 대한 어떠한 합의도 없었다.[27]

1차 촛불집회 공지에는 시간, 장소, 행진구간을 비롯하여 참여자들에게 "초나 피켓 등을 준비해오시면 좋습니다"라고 알린 것이 전부였다. '모이자! 분노하자# 내려와라 박근혜'라는 제목의 이 공지는 시민에게 급속도로 확산되었고, 이때 5만여 명(주최 측 추산)[28]이 집결했다.

---

25) 민중총궐기 투쟁본부는 한국민주노동조합총연맹, 전국농민총연맹, 전국빈민연합, 보건의료단체연합, 21세기한국대학생연합 등 53개 단체가 2015년 11월 4일 '전태일 열사 정신계승 전국노동자대회 민중총궐기'를 준비하기 위해 결성되었다(이지호·이현우·서복경, 앞의 책, 46쪽).

26) 위의 책, 47쪽.

27) 위의 책, 47-48쪽.

28) 위의 책, 46쪽.

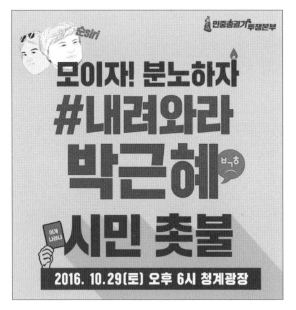

〈그림 20〉
1차 촛불집회 포스터[29]

청계광장으로 몰려나온 시민의 변혁적 메시지는 전국의 시민에게 큰 공감을 얻었다. 이를 통해 전국의 시민은 광장집회를 지지했다. 결국 이들의 대대적·압도적 지지가 촛불집회의 연속 개최를 결정한 것으로 볼 수 있다.

셋째, '주도방식' 요소의 내용을 볼 때 국풍81은 '정부가 주도하는 방식'이었지만 촛불집회는 '시민연대가 주도하는 방식'이었다. 국풍81은 전두환의 특별한 관심 아래 청와대 민정1비서관이 담당하고 안기부, 내무부, 문교부, 문공부가 협조했다.[30] 그리고 한국신문협회 주최, 한국방송공사 주관, 고려대학교 민족문화연구소가 후원했다.

---

29) 그림 출처: 민중총궐기 투쟁본부 페이스북. https://www.facebook.com/raiseup1114/photos/a. 953404921396900/1256336661103723/?type=3&theater

30) MBC, 앞의 방송에서 내용 요약 발췌.

국풍81은 청와대와 주요 정부부처의 직접적인 관리하에 공영매체 기능을 하는 언론조직이 행사를 실질적으로 추진하는 방식이었다. 따라서 국풍81은 철저한 정부 주도방식이었다고 할 수 있다. 주최 및 주관 조직은 절대권력을 가진 청와대가 지시한 방향과 내용에 따라 실행할 수밖에 없는 구조였다.

한편 촛불집회는 2차부터 박근혜 대통령 퇴진운동을 이끄는 수많은 시민단체의 연대체인 '박근혜정권퇴진비상국민행동(이하 국민행동)'이 주도하는 방식을 적용했다. 촛불집회는 1차 집회에 대한 전국 시민의 대대적 · 압도적 지지가 집회의 연속 개최를 이끌었다. 이에 힘입어 11월 5일 2차 집회를 시작으로 한 연속집회를 효과적으로 실행시키고자 국민행동이 결성되었다.

국민행동은 최상위조직으로 크게 대표자회의, 운영위원회, 상임운영위원회를 구성했다. 이 중 대표자회의는 전국 1,500여 개 시민단체로 구성되었는데, 이들은 집회의 최고결정 단위였다. 운영위원회는 시민으로 구성된 단체라면 누구나 참여할 수 있는 개방형 구조로, 매주 집회기획 등을 결정했다. 기타 조정은 상임운영위원회를 통해 해결했다. 실질적인 추진은 5명의 공동상황실장 아래 사무국, 집회기획팀, 선전홍보팀, 조직팀, 대외협력팀, 미디어팀, 언론대응팀, 시민참여팀, 법률팀[31] 등이 활동하는 방식이었다. 국민행동의 활동은 촛불집회를 찾은 대규모 시민의 안전하고 효과적인 참여를 가능하게 하는 토대가 되었다.

넷째, '문화콘텐츠의 기능' 요소의 내용을 볼 때 국풍81에서 실

---

31) 이지호 · 이현우 · 서복경, 앞의 책, 71쪽 요약 재구성.

현된 문화콘텐츠들은 '현실사회를 긍정적으로 보는 기능'을 유도했지만, 촛불집회에서 실현된 문화콘텐츠들은 '현실사회의 비판적 기능'을 했다. 국풍81의 문화콘텐츠는 그 종류가 매우 다양했지만, 단순나열식 버라이어티쇼[32]처럼 형식적인 테두리 안에서 일방적으로 보여주는 방식으로 연행되었다. 국풍81의 기획주체는 관중이 현실사회를 긍정적으로 보도록 유도하고자 축제콘텐츠의 본질인 제의적 반란(ritualized rebellion)[33]을 차단하여 소극적 일탈성만 부여했다. 그러한 조건 속에서의 문화콘텐츠 내용은 정권이 말하는 이른바 "우리 고유의 풍류와 멋, 풍속, 예술"이었다. 첫째 날 연행된 장승백이 지신밟기와 풍년기원제, 둘째 날부터 마지막 다섯째 날까지 반복적으로 연행된 농악, 고싸움놀이, 탈춤, 전통무용, 민속놀이, 무당굿 등은 그야말로 한국의 민족문화로 상징되는 대표적인 무형문화유산들이 총망라된 것이었다. 국풍81의 기획주체는 군중에게 한국의 다양한 민족문화를 체험시켜 강한 민족적 정서를 느끼도록 유도했다. 이는 현장의 군중에게 현실사회를 '오랜 전통문화를 지켜낸 위대한 사회'로 인식시키는 전략이었다.

그에 반해 촛불집회에서는 광장 전체를 무대로 설정했고, 그 안에서 연행된 문화콘텐츠들은 정권의 부패를 강력하게 비판하는 내용을 담았다. 촛불집회는 축제의 장을 빌미삼아 상하질서를 변혁적으로 전도시키는 제의적 반란[34]을 허용함으로써 적극적 일탈성이 부여

---

32) 한양명, 앞의 논문, 491쪽.

33) 임재해, 「구비문학의 축제성과 축제에서 구비문학의 기능」, 『구비문학연구』 24, 한국구비문학회, 2007, 9쪽.

34) 위의 논문, 같은 쪽.

되었다. 당시 촛불집회의 거점이었던 광화문집회에서 실현된 문화콘텐츠는 크게 축제콘텐츠, 공연콘텐츠, 전시콘텐츠 등 셋으로 유형화되었다. 집회가 열리는 광화문은 그 자체로 축제콘텐츠였다. 행사가 열리는 토요일은 일상과 구분된 반일상의 시공간을 형성했고, 그 안에서 현실을 비판하는 다양한 문화콘텐츠들을 만들어냈다. 축제콘텐츠 안에 귀속된 공연콘텐츠들은 마치 민중축제적 의미로서 카니발[35] 양상 같은 전도된 세계의 형성, 과감한 욕설적 언어표현의 허용, 유쾌하고 즐거운 체험, 조롱을 통한 웃음[36] 등을 축제세계에 구체화시켰다. 이 상황에서 공연콘텐츠의 참여자들은 곧 사건의 폭로자이면서 비판자이자 심판자였다. 박근혜 정권의 잘못을 폭로하는 메시지를 담은 현장의 다양한 문화콘텐츠는 잘못된 현실을 예술과 미(美)를 통해 과감히 비판하고[37] 그것을 바로잡고자 하는 강력한 투쟁의식이 반영되었다.

다섯째, '군중의 특징' 요소의 내용을 볼 때 국풍81의 군중은 '대중'이 주를 이루었지만, 촛불집회의 군중은 '민중'이 주를 이루었다. 일반적으로 사회학이나 민속학에서는 대중과 민중을 구별한다. 학문적 견해에 따라 차이는 있지만 대중은 엘리트의 영향력에 수동적인 대상이 되는 개별 인간의 집합체,[38] 민중은 잘못된 세상을 비판하는 의

---

35) 미하일 바흐친은 『라블레와 그의 세계』라는 저서를 통해 중세 공식문화인 '귀족문화'에 대립적·대화적으로 관계하는 비공식문화로서 '민중문화'에 주목하고, 여기에 나타나는 체제비판적 기능이 강한 민중축제 양상을 분석해서 카니발이론으로 일반화했다.

36) 신혜영, 「카니발 이론으로 본 한국의 가면극」, 『민속학연구』 26, 국립민속박물관, 2010, 119-135쪽.

37) 위의 논문. 10-11쪽.

38) 성혜영, 「정치엘리트와 대중의 관계」, 『고시계』 464, 고시계사, 1995, 340쪽.

식을 공감하고 그 의식을 행위로 실천하는 모든 집단이다.[39] 이런 점에서 국풍81은 극소수의 정치엘리트가 철저히 대중을 겨냥해서 만든 관제행사였다. 국풍81의 기획주체는 정권의 불만세력이자 당대의 주류적 민중을 대표하는 반체제인사들과 문화운동가는 물론, 대학가 탈춤반 회원들까지 행사참여자로 끌어들이기 위해 부단히 노력했지만 끝내 실패했다. 이와 관련하여 당시 국풍81 참가를 거부했던 반체제인사, 문화운동권 학생, 탈춤반 회원의 일부는 다음과 같이 증언했다.

"(허문도가 말하길) 지금 KBS가 국풍이라는 것을 계획하고 있는데, 임형이 좀 도와줬으면 좋겠다. 도와주는 정도가 아니라 좀 나섰으면 좋겠다 그런. 저한테 그런 얘기를 한 것은 제가 무슨 KBS의 프로듀서여서 그런 게 아니라, 이를테면 탈춤을 비롯한 그 당시의 그 문화운동. 문화운동세력에 제가 제일 선배 되는 입장이었기 때문에."(임진택 증언)[40]

"국풍이라고 하는 그런 관제행사가 바로 5공화국의 그 피 묻은 자국을 문화라는 것으로 씻어내려고 하는 그런 그 일종의 관제 어용행사로구나."(임진택 증언)[41]

"(허문도가) 술을 갖고 원주로 찾아오고. 서울에서도 몇 번 봤죠.

---

39) 김진형, 「민중적 시각으로 본 문화콘텐츠의 권력구조적 불평등 양상」, 『민속연구』 36, 안동대학교 민속학연구소, 2018, 243쪽.
40) MBC, 앞의 방송에서 내용 발췌.
41) 위의 방송에서 내용 발췌.

(중략) 그니까 내가 이제 소위 그 반파쇼운동전선 전체를 휘어잡아 가지고 자기하고 이제 같이 사쿠라놀음 하자는 거지. 사쿠라.”(김 지하 증언)[42]

“우리 문화운동 하던 몇몇 후배들이 ‘저거(국풍81) 꼴 뵈기 싫어 못 보겠다. 가서 불 질러 버리자.’ 허허 뭐 이런 계획을 세우고 가서 시위를 하다가 한 30초 만에 잡혀갔죠.”(박인배 증언)[43]

“이것이(국풍81이) 명백히 정치적인 의도였기 때문에 여기에 우리가 이제 휘말려들지 않아야 하겠다는 생각이.”(한양대 탈춤반 78학번, 박상대 증언)[44]

국풍81의 군중은 당시 사회문화적 영향력을 가진 주류적 민중의 불참으로 인해 관제문화의 소비자에 불과한 대중이 주를 이룰 수밖에 없었다. 이들은 백화점 나열식 문화콘텐츠의 구경꾼에 가까웠다. 국풍81 행사장을 찾은 수많은 대중인파의 웃음과 즐거움은 문화소비에 따른 평범한 유희적 반응에 불과한 것이었다.

그에 비해 촛불집회는 박근혜 정권이 만든 세상이 잘못된 세상임을 자각하고, 이러한 현실의 개조를 위해 행동으로 실천하는 민중이 함께 만들어가는 행사였다. 민중은 피지배층에 해당하는 농어민[45]이

---

42) 위의 방송에서 내용 발췌.
43) 위의 방송에서 내용 발췌.
44) 위의 방송에서 내용 발췌.
45) 임재해, 『민속문화론』, 문학과 지성사, 1986, 42-43쪽.

라는 고정적 존재가 아니다. 민중은 남녀노소를 가리지 않고 사회의 모든 구성원 사이에서 집단화될 수 있는 것으로, 잘못된 세상에 대한 비판의식에 공감하고 그 의식을 행위로 실천하는 사람들이 모인 집단이라면 그 집단은 곧 민중이다.[46] 민중은 어린아이부터 노인까지, 자영업자부터 회사원, 심지어 정치인도 민중의 구성요건을 갖추면 누구든지 될 수 있다. 촛불집회는 이러한 민중의 결사체였다. 여기에 모였던 군중인 민중은 새로운 민중문화의 소비주체이면서 동시에 생산주체였다. 이들은 민중문화의 구경꾼이 아닌 민중문화의 주체적인 연행자였다. 집회 당시 시민 자유발언대에서 이루어진 민중의 다양한 발언내용을 보면, 그들의 민중의식이 확인된다.

> "저는 글쓰기가 싫어서 제가 말하면 엄마가 받아 써줬는데, 대통령은 최순실이 써준 것을 꼭두각시처럼 그냥 읽었습니다. (중략) 대통령은 국민이 준 권력을 최순실에게 줬습니다. 그래서 대통령이 아닙니다. (중략) 박근혜 대통령은 자괴감 들고 괴로우면 그만두세요."(초등학생 A양)[47]

> "그동안 우리나라의 중요한 일들을 우리가 뽑은 박근혜 대통령이 아닌, 최순실이라는 아줌마가 결정해왔습니다. 우리는 최순실 아줌마가 아닌, 박근혜 대통령을 뽑았습니다. 우리나라의 중요한 일을 사이비종교 무당에게 맡긴다는 것은 말도 안 되는 일 아닙니

---

46) 김진형, 앞의 논문, 2017, 4쪽.

47) 「[민중총궐기] 초등학생 "대통령은 자괴감 들고 괴로우면 그만두세요"」, 유튜브, 2016년 11월 14일자, https://www.youtube.com/watch?v=TITLv8r55QY, 검색일자: 2018년 7월 1일.

까? (중략) 이 나라의 주인은 국민이지 대통령이 아닙니다. 대통령은 나라를 마음대로 조종하는 사람이 아닙니다. 대통령은 국민을 위해 봉사하고 조금 더 좋은 나라를 위해 이끌어가는 사람입니다. 우리나라가 이렇게 나쁜 쪽으로 계속 흘러가다 보면, 영원히 빠져나올 수 없는 구덩이에 빠질 수도 있습니다. 막아야 합니다. 박근혜 대통령은 하루 빨리 하야하고, 올바른 방향으로 정의롭게 이끌어갈 수 있는 대통령을 뽑아야 합니다."(초등학생 B양)[48]

"노인네들 깨우치라고, 정신 차리라고 나왔습니다. 늙은이들이 박근혜를 세웠습니다. 그래놓고, 지금도 박근혜가 불쌍하다고 합니다. 나는 요즘 화가 나서 병이 나서 쓰러지겠습니다. 잠도 못 잡니다."(노인 C씨)[49]

"그가(박근혜가) 마치 지배자인냥 여왕인냥 상왕 순실을 끼고 국민 대한민국의 민주공화국을 우롱하고 있습니다. 국민이 지금까지 대통령이 저질러온 온갖 부패와 무능과 타락을 인내해왔습니다. (중략) 그러나 그 대통령이라는 존재가 국민이 맡긴 그 위대한 정치권한을 근본도 알 수 없는 무당의 가족에게, 그 이상한 사람들에게 통째로 던져버린 걸 우리는 용서할 수 없습니다."(정치인 D씨)[50]

48) 「대구 촛불집회 열살 초등학생의 발언. 명연설! 박근혜보다 백만배 낫네.」, 유튜브, 2016년 11월 26일자, https://www.youtube.com/watch?v=1qtyoPzR2vU, 검색일자: 2018년 7월 1일.

49) 「송파 할머니 "노인네들 정신차리라고 나왔다"」, 유튜브, 2016년 11월 5일자, https://www.youtube.com/watch?v=MRz6TNKf6lg, 검색일자: 2018년 7월 1일.

50) 「박근혜 하야 촛불집회, ○○○ 끝장연설」, 유튜브, 2016년 10월 29일자, https://www.youtube.com/watch?v=9f8LSc_AVbY&t=113s, 검색일자: 2018년 7월 1일.

여섯째, '이념' 요소의 내용을 볼 때 국풍81은 '체제수호적 이념'을 지향했지만, 촛불집회는 '체제저항적 이념'을 지향했다.[51] 전두환 정권의 통치체제는 민족주의적 가치관을 앞세운 국가주의체제였고, 이는 박정희 정권의 체제와 맥을 같이했다.[52] 박정희 정권에서 민족주의는 곧 국가주의와 상통하는 것이었으며, 국가는 민족의 오랜 역사적 운명공동체로 상상됨으로써 민족적 정서를 불러일으키는 대상이었다.[53] 여기서 민족적이라는 것의 의미는 곧 현 정치체제의 정당성과 관련된 것으로서 문화예술이 지배이데올로기의 도구가 되는 현상을 초래했다.[54] 이같은 맥락에서 볼 때 국풍81은 전두환 정권의 '민족주의=국가주의'라는 공식을 바탕으로 구축된 체제수호적 이념을 지향했다고 할 수 있다.

박근혜 정권의 통치체제는 과거의 공안적·권위주의적 통치체제로 회귀하는 양상을 보였다. 박근혜는 국가주의자였던 자신의 아버지 박정희에 대한 우상화 작업을 끊임없이 구상·적용하려 했고, 정권 차원에서 문화예술계 블랙리스트를 작성·적용시켜 수많은 문화예술인들에게 불이익을 주었다. 이러한 박근혜식 통치체제는 결국 촛불집회라는 대규모 시민적 저항을 일으키는 중요한 원인의 하나가 되

---

51) 한양명은 국풍81이 체제수호적, 체제긍정적인 이념을 지향한 데 반해, 그 시기에 개최된 대학가의 대동제는 체제저항적·체제부정적인 이념을 지향했다고 주장했다(한양명, 앞의 논문, 471쪽). 이 주장에 입각하면 촛불집회의 경우에도 1980년대 초 대학가의 대동제처럼 체제저항적·체제부정적인 이념을 지향했다고 볼 수 있다.

52) 위의 논문, 473쪽.

53) 오명석, 「1960~70년대의 문화정책과 민족문화담론」, 『비교문화연구』 4, 서울대학교 비교문화연구소, 1998, 145쪽.

54) 위의 논문, 같은 쪽.

었다. 결과적으로 촛불집회에는 박근혜 정권의 반도덕적 통치를 거부하는 체제저항적 이념이 담겨 있다고 할 수 있다.

마지막으로, '언론태도' 요소의 내용을 볼 때 국풍81 관련 보도는 '찬양·미화 중심의 보도'였지만, 촛불집회 관련 보도는 '사실 중심의 보도'였다. 전두환은 정권 수립 후 부당한 방법에 의한 정권획득에 따른 사회적 반발을 무마하고자 언론통폐합을 강제로 실행했다. 언론통폐합 후 전두환 정권은 국내 언론사들을 감시·통제하면서 정권의 우호적인 매체로 길들였다. 국풍81 관련 보도는 이러한 맥락 속에서 이루어졌다. 그러다 보니 행사에 관한 비판기사는 미미했고 찬양·미화 중심의 보도[55]가 주를 이루었다.

당시 주요 신문사들이 작성한 국풍81 관련 기사에는 '민족, 민중, 겨레, 우리, 전통, 옛 멋, 한마당, 다함께, 화합, 신바람, 흥겨움, 정취, 신명, 풍류' 등[56]과 같은 민족문화를 미화하고 찬양하기 적합한 단어들이 적극적으로 사용되었다. 특히, '민중'이라는 단어는 당시 매우 불온한 단어로 취급되었는데, 보도에서는 이 단어마저 중심단어 중 하나로 적극 사용되었다. 비판기사의 경우에도 행사 자체를 비판하는 기사는 찾아볼 수 없고, 무질서로 인한 부족한 시민의식[57]을 문제 삼는 정도였다. 당시 언론들의 논조는 지나치게 권력에 굴종하는

---

55) 국풍81 개최 당시 관련 언론보도 내용을 보면 "국풍의 열기 속에 민족문화의 복권을 확실하게 하는 위대한 자각과 힘이 터져 오를 것입니다(한국일보, 1981. 5. 28, 1면)", "그것은(국풍81은) 곧바로 우리의 주체의식을 바로 세우는 중요한 전기가 될 것으로 생각합니다(조선일보, 1981. 5. 28, 9면)", "제5공화국의 국정지표인 민족문화 창달에 기여해야 한다고 믿는다(경향신문, 1981. 5. 28, 사설)", "민중의 시대를 밝히는 민중의 횃불", "우리도 민중의 축제 가질 수 있다" 등 행사를 찬양적·미화적으로 표현하는 기사들이 매우 많았다.

56) 채정수, 앞의 논문, 62쪽 〔표 4〕 헤드카피와 서브카피 분석표 내용에서 발췌.

57) 위의 논문, 61쪽.

모습[58]을 보였던 것이 사실이다.

한편 촛불집회 당시 국내 주류 언론사들의 보도는 대부분 1차 집회부터 23차 마지막 집회까지의 규모와 각종 상황을 최대한 정확하게 전달하려는 취지의 사실 중심의 보도가 주를 이루었다. 언론보도는 원래 긍정적인 면이든 부정적인 면이든 사실 그대로 전달하는 것이 기본인데, 촛불집회 당시의 언론보도는 그런 기본을 최대한 따랐다고 할 수 있다. 당시 국내 주류 언론사들은 광화문광장을 비롯하여 전국의 크고 작은 광장에 모인 시민이 집회를 주도하는 다양한 모습은 물론, 집회 상황별 청와대의 반응까지 사실적·객관적으로 분석해서 보도했다. 집회의 일부 참여자들이 행한 폭력적 행동까지 그대로 보도

〈표 7〉 국풍81과 촛불집회의 이면적 실현요소 및 내용

요소명	내용	
	국풍81	촛불집회
숨은 의도	잘못된 현실 호도	없음
결정방식	개인의 독단적	다수의 민주적
주도방식	정부	시민연대
문화콘텐츠의 기능	현실사회를 긍정적으로 보는 기능	현실사회의 비판적 기능
관중의 특징	대중	민중
이념	체제수호적	체제저항적
언론태도	찬양·미화 중심 보도	객관적 사실 중심 보도

---

58) 채정수는 서울·한국·경향·조선·중앙·동아 6대 일간지의 국풍81 관련 행사보도 내용분석(위의 논문, 42-74쪽 분석내용 참조)을 통해 당시 언론들의 논조가 지나치리만큼 권력에 굴종하는 모습을 보였을(위의 논문, 51쪽) 만큼 권언유착이 심했다고 주장했다.

함으로써 촛불집회의 부정적인 단면도 감추지 않았다.

대규모 국민이 집결하는 메가이벤트가 성공하기 위한 바람직한 기본방향은 앞서 기술한 바와 같이 관중의 기대에 부응하는 목표를 공개적으로 설정하고, 그 외에 관중의 기대에 반하는 숨은 정치적 의도를 배제하는 것이다. 이같은 맥락에서 위 분석내용은 국풍81의 실패요인과 촛불집회의 성공요인을 더욱 심층적·체계적으로 제시한다.

우선, 촛불집회는 메가이벤트의 바람직한 기본방향을 정확히 설정했다. 나아가 행사에 관한 모든 이면적 실현요소가 관중은 물론 시민사회가 바라는 쪽으로 형성되었다고 할 수 있다. 촛불집회는 공개된 목표가 모든 군중의 기대에 부응하는 것이었고, 그 외에 다른 어떤 숨은 의도도 없었다. 부패한 현 정권의 퇴진이라는 목적달성을 위한 장기 전략으로서 연속집회의 결정은 개인이나 소수가 아닌 전국의 수많은 시민의 의지에서 비롯되었다.

이 집회에서는 연속개최의 결정과 동시에 행사 주도를 위한 전국 규모의 시민연대체가 결성되었는데, 이들은 집회 실행에 필요한 밑그림을 성공적으로 그려냈다. 이들이 그린 집회의 밑그림 위에 전국의 깨어 있는 시민이 참여하여 현 시국을 과감하게 비판하고, 나아가 그 해결방향까지 제시했다. 여기에 모인 사람들은 잘못된 현실을 비판하는 데만 머물지 않고, 그 가치에 따라 주체적으로 행동하는 민중이 주를 이루었다. 이 집회는 현 정권의 공안적·권위적·반인륜적 통치를 정면으로 거부하는 강한 체제저항적 이념을 형성했다. 집회의 이러한 분위기에 대해 당시 주요 언론은 객관적 사실 중심의 보도를 함으로써 그 역할을 다했다. 촛불집회 성공의 세부요인은 집회를 둘러싼 이러한 이면적 실현요소들의 구체적인 내용이 체계적으로 말하고 있다.

그에 반해 국풍81은 메가이벤트가 성공하기 위해 갖추어야 할 바람직한 기본방향을 설정하지 않았다. 행사의 공개된 목표조차 관중에게 일방적으로 주입하고자 설정한 것이었고, 그 이면에는 정권으로부터 비롯한 잘못된 현실 호도와 저항세력 포섭이라는 숨은 전략적 의도가 있었다. 국풍81은 무엇보다 당대의 주류적 민중이 거부했다. 그리고 청와대의 수석비서관들조차 말렸다. 그럼에도 대통령은 행사 추진에 대한 독단적 결정을 내렸다. 대통령의 독단적 결정에 따라 추진된 국풍81은 실질적 실행에 관한 모든 것을 정부가 일방적으로 주도해나갔다. 그들은 행사에 모인 군중에게 민족문화의 우수성을 알리는 문화콘텐츠들을 제공하여 부도덕한 현실사회를 긍정적으로 보도록 유도했다.

국풍81에 모인 군중은 주류적 민중의 참여 거부로 인해 관제문화의 맹목적 소비자에 불과한 대중이 주를 이루었다. 국풍81의 기획세력은 대중에게 민족문화를 앞세운 민족주의적 가치관 정립을 유도했는데, 여기서의 민족주의는 곧 시대를 역행하는 국가주의였다. 그런 점에서 국풍81은 체제수호적 이념을 담아냈다고 볼 수 있다. 정권의 감시와 통제 하에서 운영된 국내 주요 언론매체는 국풍81을 찬양하고 미화하는 데 앞장섰다. 그럼에도 국풍81은 연중행사 형태로 개최하겠다는 당초 계획과 달리, 단 1회 개최로 막을 내렸다. 국풍81 실패의 세부요인은 행사를 둘러싼 이면적 실현요소들의 구체적인 내용이 체계적으로 말하고 있다.

그런데 주목할 것은 국풍81이 성공적인 결과를 얻기 위해서는 이면적 실현요소의 내용이 위 분석내용과 정반대되는 내용으로 실현되어야 했다는 점이다. 따라서 이론적으로 보면, 국풍81도 촛불집회의 이면적 실현요소 내용이 적용되었다면 성공의 그림을 한번 상상해볼 수는 있다. 그러나 현실적으로 보면, 전두환 정권은 그러한 성공을 견인하는 이론적 논리를 적용할 가능성이 매우 희박했다. 이 정권은 쿠데타로 집권한 반민주주의체제였기 때문이다. 촛불집회에 나타난 이면적 실현요소들의 내용은 온전한 민주주의체제에서 그 구성원이 정치·사회·문화적 자유를 보장받아 행동할 때 비로소 적용될 수 있다. 결과적으로 국풍81은 처음부터 실패할 수밖에 없었던 반민주국가의 관제행사에 불과했다.

전두환 정권은 민중적 지지기반이 매우 약한 상태로 출발했다. 전두환은 정권을 찬탈하고자 하드 파워(hard power)로 대변되는 군사력을 동원해 민중을 억압했다. 그로 인해 민중은 오히려 전두환 정권의 대표적인 저항세력으로 성장했다. 전두환 정권은 출범 초기부터 '민중의 분노와 그에 따른 행동적 표출'이 앞으로의 국가운영에 가장 큰 걸림돌이 될 것임을 감지했다. 그래서 구상한 것이 유사 이래 최대의 메가이벤트인 '국풍81'이었다.

국풍81은 하드 파워로 정권을 찬탈한 자가 소프트 파워(soft power)로 대변되는 '민족문화'를 활용해 민중을 정권에 포섭시키려는 은밀한 메가이벤트로서의 문화콘텐츠였다. 그런데 민중은 정권의 숨은 의도를 알았기에 이를 거부했다. 결과적으로 국풍81은 민중의 참여거부로 인해 실패한 행사로 마무리되었다. 군사정권이 주도한 메가이벤트에 대한 민중의 참여거부는 '아직도 민중은 살아있다'는 것을 정권에

알리는 행위였다. 부도덕한 정권이 만든 '국풍81'이라는 문화적 회유
책에 동원되지 않았던 민중은 끝내 6월항쟁이라는 대규모 민중운동
을 주도하여 전두환 정권을 종식시키는 데 성공했다.

　박근혜 정권의 경우에도 민중적 지지기반이 약한 상태로 출발했
다고 볼 수 있다. 박근혜 정권은 공안적·권위주의적 통치를 통해 민
중의 피와 땀으로 세운 민주주의를 무색하게 만드는 일들을 자행했
다. 가령 박근혜 정권은 자신들에게 순응적인 세력과 저항적인 세력
을 구분한 뒤, 전자는 화이트리스트를 만들어 우대하고 후자에게는

〈그림 21〉 광화문 촛불집회 현장[59]

---

59)　사진 출처: 박근혜정권 퇴진 비상국민행동 공식홈페이지, http://bisang2016.net/b/board
　　03/18

블랙리스트를 만들어 불이익을 주었다. 이때 민중의 일부는 정권의 저항적인 세력으로 간주되어 블랙리스트에 이름이 올라가기도 했다. 블랙리스트에 이름이 올라간 민중은 능력과 자격을 갖추고 있었음에도 정부로부터 '예산지원 배제'라는 불이익을 받아야 했다.

결국 민중은 박근혜 정권의 부패가 극에 치달아 정권교체를 해야 한다고 인식하기에 이르렀다. 그래서 대규모 민중이 참여하는 메가이벤트로서 소프트 파워의 정수(精髓)를 보여주는 촛불집회를 전국적으로 개최했다. 민중이 주도한 촛불집회는 문화와 예술을 역동적으로 담아내는 또 다른 메가이벤트적 문화콘텐츠였다. 민중은 이 문화콘텐츠가 발산하는 부드러운 힘을 활용하여 부패한 박근혜 정권을 종식시키는 데 성공했다. 결과적으로 촛불집회는 한국 현대사에서 가장 성공한 메가이벤트라 해도 무리가 없다. 군사쿠데타 정권이 만든 메가이벤트를 거부한 민중, 부패한 권위주의 정권 퇴진을 위해 메가이벤트를 주도한 민중, 두 민중의 이와 같은 판단과 실천은 민중이 현대사의 주체이자 메가이벤트적 문화콘텐츠의 성패를 결정하는 주체임을 시사한다.

5
^장

문화콘텐츠의
민중의식과
변혁적 가치로의 실천

1.
문화콘텐츠의 민중의식 표출과
사회적 조건

    문화콘텐츠는 쉽게 말해 '문화를 담은 콘텐츠'다. 여기서 콘텐츠란 오랜 옛날부터 지금에 이르기까지 인간사회에서 문화를 담는 '형이상학적 그릇' 역할을 한 것이라 할 수 있다.[1] 이를테면 일정한 문화를 축제라는 그릇에 담으면 축제콘텐츠, 공연이라는 그릇에 담으면 공연콘텐츠, 전시라는 그릇에 담으면 전시콘텐츠가 된다는 논리가 성립하기 때문이다. 이러한 문화를 담은 그릇으로서 문화콘텐츠는 그 유형이 다양하고, 내용에 인간의 다양한 의식이 내재되어 있다.

    문화콘텐츠는 역사의 전개과정에서 유형적 확대를 이룸과 동시에 인간사회의 집단의식들을 담아냈다. 원시부족국가 때 축제콘텐츠가 성립했고, 그 뒤를 이어 공연콘텐츠와 전시콘텐츠가 성립했으며,

---

[1]   김진형, 「문화콘텐츠의 인식범위 확장과 생산소비 메커니즘 진단」, 『인문콘텐츠』 42, 인문콘텐츠학회, 2016, 155쪽.

오늘날에는 디지털매체의 발달과정에서 콘텐츠 유형이 점진적으로 증가하고[2] 있다. 문화콘텐츠는 이러한 전개과정 속에서 인간과 사회의 관계에 따른 다양한 집단의식을 담아냈다고 할 수 있다.

이와 같은 문화콘텐츠의 유형적 확대과정에서 전승주체의 집단의식을 살펴볼 때, 사회문화적 차원에서 주목되는 것은 '민중의식'의 형성이다. 민중의식이란 민중의 사회적 처지를 자각하고 잘못된 세상을 비판하는 의식이다.[3] 문화콘텐츠에는 처음에 민중의식이라는 것이 없었는데, 사회구조의 변화로 인해 민중의식이 형성되면서 지금까지 유지된다고 할 수 있다. 이를테면 원시사회는 계급구분이 없는 만장일치의 사회로,[4] 민중이 없었기 때문에 문화콘텐츠는 있되[5] 그것에 민중의식이 나타나지 않았다. 그러나 상고시대에 이르러 사회에 '계

---

2) 위의 논문, 156-157쪽 분석내용 참조.

3) 조동일은 민중을 "소수의 특권층과 구별되는 다수의 예사사람으로, 이들은 주체적 성향과 집단적 행동을 한다"고 설명했다. 그리고 민중의 '의식'은 크게 두 단계가 있는데, 일하면서 사는 생활에 매여서 일의 내용과 흥취를 자기 것으로 하는 의식이 있고, 나아가 일하면서 사는 사람의 사회적 처지를 자각하고 잘못된 세상을 비판하는 의식이 있다고 했다. 여기서 전자를 민의 의식, 후자를 민중의식으로 정의했다. 전자가 생활에서의 민중이 지니는 소박한 의식이라면, 후자는 의식에서의 민중이 생활에서의 민중에게 주어진 영역을 넘어서서 가질 수 있는 비판적인 의식이라 했다(조동일, 「민중, 민중의식, 민중예술」, 『한국설화와 민중의식』, 정음사, 1985, 314쪽).

4) 레비스트로스(Lévi-Strauss)는 원시사회를 '차가운 사회(Cold Society)'로 규정했다. 차가운 사회는 사회적 조화에 의해 움직여나가며, 중대한 결정은 사전에 조정되어 전체의 통합된 의지를 발표할 수 있는 상황을 만들어낸다. 원시사회는 만장일치의 상태를 중요시한다(에드먼드 리치 지음, 신인철 옮김, 『성서의 구조인류학』, 한길사, 1996, 43쪽). 차가운 사회는 계급이 없어 민중계급이란 존재하지 않았으며, 그로 인해 민중의식이 발현되지 않았다고 짐작할 수 있다.

5) 원시사회의 구성원은 수렵활동을 하며 공동체적 삶을 사는 과정에서 다양한 놀이를 즐겼다. 그런데 이때 즐겼던 놀이는 단순한 놀이가 아니라 주술성을 발휘하는 축제이기도 했다. "놀이와 축제의 관계는 그 근본적인 특성상 매우 가깝다(호이징하 지음, 김윤수 옮김, 『호모루덴스』, 까치, 1981, 39쪽)"는 호이징하의 주장에 입각해보면, 이 시기에 행해진 놀이는 곧 축제콘텐츠였다고 할 수 있다. 당시의 축제콘텐츠는 놀이와 구분하지 않았다(김진형, 앞의 논문, 156쪽).

급'이 적용되면서 민중이 등장했고, 그로 인해 문화콘텐츠에 민중의식이 형성되기도 했다.[6] 또한 계급사회가 붕괴된 오늘날에도 계층사회의 민중이 존재하기에 민중의식은 문화콘텐츠를 통해 언제든지 발현될 수 있다.

계급사회 당시 민중의식은 문화콘텐츠에 반영되어 사회발전을 이끄는 강한 정신적 가치로 작용했다. 이러한 양상은 계층사회인 오늘날에도 마찬가지다. 그러나 민중의식이 발현된 문화콘텐츠의 체험 주체는 전자와 후자가 현저히 다르다. 계급사회 때는 피지배계급인 민중이 문화콘텐츠를 통해 민중의식을 발현했고, 지배계급인 양반은 그러한 행위를 배척했다. 그렇지만 계층사회인 오늘날에는 피지배계층에 가까운 대중과 민중은 물론, 지배계층에 가까운 엘리트 지식인도 상황에 따라 민중의식에 공감하며,[7] 민중의식의 문화콘텐츠적 발현에 참여하기도 한다. 즉, 현대사회에서는 이러한 발현행위가 사회

---

6) 레비스트로스는 차가운 사회의 반대 개념을 뜨거운 사회(Hot Society)로 규정했다. 뜨거운 사회는 문명화된 사회로서 사회적 불균형에 의해 사회가 움직여나간다. 가장 핵심적인 사회적 불균형은 사회계급이다. (중략) 이 사회는 계급사회이기에 중대한 결정은 사회적 갈등, 정치적 투쟁 등으로 이루어지게 된다(에드먼드 리치 지음, 신인철 옮김, 앞의 책, 43~44쪽). 뜨거운 사회는 민중계급을 형성하게 하고, 이들의 민중의식은 결국 문화콘텐츠를 통해 발현되기도 한다.

7) 김주연은 대중과 민중을 엄격히 구별할 수 없다고 했다. 대중이 객관적 실체라면 민중은 실체가 아닌 '방법'이나 '정신'이기 때문에 사람들이 선택하는 것이라고 주장했다. 그래서 참다운 민중은 대중 속에 뿌리를 박고, 지식인다운 고뇌를 통해 성립되는 그 어떤 깨어 있는 정신일 것이라고 했다(김주연, 『대중문학과 민중문학』, 민음사, 1980, 20쪽). 이에 대해 조동일은 대중과 지식인 사이에 '민중이라는 정신'이 존재한다는 말인데, 과연 그런가 하는 점은 논란이 될 수 있다고(조동일, 앞의 글, 268쪽) 문제제기를 했다. 이에 대해 필자는 조동일이 제기한 문제처럼 민중이 정신이 될 수는 없지만, 김주연의 주장을 부정할 수 없다고 본다. 따라서 필자는 민중의식을 공감하고 그 의식을 행위로 실천하는 집단이라면 누구든 민중이 될 수 있다고 판단한다. 그렇다면, 현대사회의 민중은 민중의식의 '공감'과 '실천'의 유무를 통해 규정되기에 기본적으로 '이합집산'을 허용하게 된다. 이를 견지하면, 현대사회에서는 한번 민중은 영원한 민중이 아니라, 상황에 따라 어제의 엘리트가 오늘은 민중이 될 수 있고, 오늘의 민중이 내일은 엘리트가 될 수도 있다는 주장이 성립될 수 있다.

구성원 전체 차원에서도 이루어질 수 있다는 점이다.

그러나 지금 한국사회에는 '진보'와 '보수'라는 두 이념이 그 어느 나라보다 강하게 대립하고 있다는 점에 주목해야 한다. 이러한 사회적 상황에서 민중의식의 자각과 문화콘텐츠적 발현은 국민이면 누구나 할 수 있지만, 동시에 이것을 비난하는 국민도 존재하기 마련이다. 여기서 표현의 주체는 주로 진보주의자들, 비난의 주체는 주로 극우보수주의자들이 된다. 가령, 민중의식을 자각한 자들이 그 의식을 행동으로 발현했을 때 이를 못마땅하게 여기는 자들의 일부는 그들을 빨갱이 또는 종북세력으로 폄하하며 대립각을 세우기도 한다. 현대사회에 나타나는 민중의식의 문화콘텐츠적 표현은 지배와 피지배라는 계층은 물론, 진보주의자들과 극우보수주의자들 사이에서도 이해의 차이를 보일 수 있다.

그러나 민중의식의 문화콘텐츠적 발현은 예나 지금이나 사회발전을 이끌고, 나아가 인간해방을 위한 실천을 이끄는 행위임이 분명하다. 사회는 발전해야 하며, 인간은 결국 해방되어야 한다는 것을 인류사회가 인정하기 때문이다. 그렇다면 계층사회인 오늘날에도 민중의식을 표출하는 문화콘텐츠는 사회구성원의 지속적인 체험요소로 작동되어야 한다. 모순은 우리의 과거·현재·미래를 관통해서 발생할 수밖에 없으며, 매번 모순과 대결할 수밖에 없다. 이러한 숙명적인 대결에서 민중의식을 표출하는 문화콘텐츠는 그 모순을 문화적으로 극복하는 기능을 하며, 아울러 미래문화의 바람직한 좌표도 설정해줄 것이다.

이 장에서는 문화콘텐츠에 나타난 민중의식을 통시적 차원에서 분석한 뒤, 그 의식을 변혁적 가치로 실천하기 위한 방향을 제시하는 것이 핵심이다. 논의를 진행하기 위해 먼저, 문화콘텐츠의 광의적 개념에 따라 문화콘텐츠를 통시적 차원에서 인식하는 관점을 취한다. 그런 뒤 민중의식이 발현된 문화의 구체적인 양상을 파악한다. 다음으로 민중의식이 발현된 복수의 문화들이 각각 어떠한 결실을 맺는지 밝힌다. 그런 다음 민중의식을 통해 형성된 문화적 결실들의 상호관계 분석으로 민중의식이 발현된 문화콘텐츠의 기능을 규명한다. 마지막으로, 문화콘텐츠에 나타난 민중의식을 변혁적 가치로 실천하기 위한 기본방향을 찾아보고자 한다.

2.
민중의식의 문화적 발현 양상과 문화콘텐츠 기능

문화콘텐츠의 민중의식은 크게 두 가닥으로 구분될 수 있는 문화 콘텐츠 개념에 따라 이해의 범위가 달라진다. 문화콘텐츠 개념은 전 술한 바와 같이 협의적 개념과 광의적 개념으로 나누어지는데, 전자 는 디지털 내용물, 후자는 문화를 담은 내용물로 집약할 수 있다.[8] 여 기서 사람들이 문화콘텐츠를 인식할 때 전자를 따르면 오늘날 생겨난 것으로 인식하지만, 후자를 따를 경우에는 오랜 과거부터 현재까지 지속되어온 것으로 인식할 수 있다. 전자는 사람들에게 문화콘텐츠를 횡적 차원의 인식만 가능하게 하여 오늘날 성립된 것으로 간주하게 만든다. 이와 달리 후자는 문화콘텐츠를 횡적 차원은 물론 종적 차원 까지 인식하게 하여 전통사회부터 오늘날까지 인간사회에서 지속적 으로 형성해온 것으로 간주하게 만든다.

---

8) 김진형, 앞의 논문, 155쪽.

문화콘텐츠의 민중의식을 검토할 때 전자의 개념에 입각한 횡적 차원의 인식에 따르면, 현재의 디지털콘텐츠에 나타난 민중의식을 이해하는 데 그친다. 그에 비해 후자의 개념에 입각한 종적 차원의 인식을 통해 검토하면, 오랜 과거부터 지금까지 지속적으로 형성되어온 문화콘텐츠의 민중의식을 통시적으로 이해하게 된다. 여기에서는 문화콘텐츠에 형성된 민중의식의 양상을 통시적 차원에서 파악한다.

문화콘텐츠에 나타난 민중의식의 양상을 파악하기 위해서는 우선 민중의식이 어떤 상황에서 발현되며, 민중의식이 발현된 문화 중 무엇이 문화콘텐츠인지를 찾는 작업부터 선행되어야 한다. 이것은 민중의식이 발현된 문화적 상황들을 나열하고, 그러한 상황에서 민중의식이 발현된 문화 중 '문화콘텐츠가 아닌 것'과 '문화콘텐츠인 것'을 일정한 준거에 입각해 구분하는 방식으로 찾아낼 수 있다.

그러기 위해서는 민중의식의 자각과 발현 상황을 논리적으로 설명하는 한완상의 견해에 대한 이해가 뒷받침되어야 한다. 한완상은 민중의식 발현이 일정한 단계에 따라 이루어진다고 했다. 먼저, 자기 자신이 민중임을 의식하지 않는 단계의 민중은 '즉자적(卽自的) 민중'이라 하고, 의식이 각성된 민중은 '대자적(對自的) 민중'이라 했다. 이 중 대자적 민중은 다시 구분되는데, 처음에는 자의식을 갖는 데 그치는 '자의식의 민중'이었다가 다음에는 비판적인 의식을 가지는 '비판적 민중'이 되고, 거기서 더 나아가 비판적 의식에 따라 행동하며 목적을 지향하는 '목적 지향적 민중'이 된다고 했다.[9]

한완상이 제시한 논리단계로 볼 때, 민중의식이 외부세계에 행

---

9) 한완상, 『민중과 사회』, 종로서적, 1980, 226쪽.

동으로 발현되는 것은 대자적 민중의 세 단계 중 마지막인 '목적 지향적 민중'의 단계다. 이 단계에서 민중은 민중의식을 바탕으로 다양한 문화적 행동을 발현하게 된다. 그리고 그 행동이 일정한 요건에 따라 '문화콘텐츠가 아닌 것'과 '문화콘텐츠인 것'으로 구별된다.

여기서 전자는 민중의식이 문학적 또는 예술적(이하 문학·예술적)으로 형상화된 텍스트 또는 그러한 텍스트 생산과는 무관하게 민중의식에 의해 급진적으로 나타나는 문화행동이다. 그리고 후자는 민중의식이 문학·예술적으로 형상화된 텍스트가 콘텐츠 유형(type)에 담긴 상태로 완성되는 것이라 할 수 있다. 전자는 민중의식이 발현된 문화이긴 하지만 문화콘텐츠로는 볼 수 없는 데 비해, 후자는 민중의식이 발현된 문화인 동시에 문화콘텐츠다. 그렇다면, 민중의식이 발현된 문화 중 문화콘텐츠는 기본적으로 '민중의식의 문학·예술적 형상화'와 '콘텐츠 유형에 귀속'이라는 두 가지 요건이 충족되어야 한다.

전통사회를 기준으로 볼 때 우선 전자의 대표적인 예는 크게 두 가지를 꼽을 수 있다. 첫째로 서사민요와 전설의 구연, 둘째로 사회혁명의 실행이 그것이다. 먼저 첫째인 서사민요와 전설을 구연하는 것은 독립된 문학작품을 생산하는 문화적 행위였다. 이 행위는 기본적으로 민중의식이 발현된 문화콘텐츠를 결정짓는 두 가지 요건 중 '민중의식의 문학·예술적 형상화'만 충족된 형태였다. 서사민요와 전설의 구연은 민중이 민중의식을 문학적으로 형상화시킨 텍스트를 구연하는 행위 그 자체로 종결되었고, 부가적으로 콘텐츠 유형에 담기지는 않았다. 다시 말해 문화콘텐츠적 입장에서 이러한 행위의 결과는 원천소스 생성에 머무는 것으로, 콘텐츠 유형에 귀속된 독자적인 문화콘텐츠로의 진전을 이루지는 못한 셈이다. 그런 점에서 이 행위는 민중의식이 나타나는 문학텍스트의 생산행동이자 문화콘텐츠 원천소스의 생성과정일 뿐 문화콘텐츠로 볼 수는 없다.

둘째인 사회혁명의 실행은 민중이 계급사회의 모순을 경험하는 과정에서 그것이 자신들의 생존권마저 침해한다고 판단되었을 때, 목숨을 걸고 행동한 필사항쟁이었다. 대표적인 예가 동학농민혁명이다. 이것은 민중의식이 발현된 가장 대표적인 문화행동이라 할 수 있다. 그러나 이는 민중의식이 발현된 문화콘텐츠를 규정하는 두 가지 요건에 아무것도 부합하지 않아 문화콘텐츠가 아니다.

다음으로 후자의 대표적인 예는 판소리, 꼭두각시놀음, 탈춤의 연행이다. 이 행위들은 민중의식이 발현된 문화콘텐츠를 결정짓는 두 가지 요건을 모두 충족했다. 중세시대 문화콘텐츠의 핵심유형인 '공연콘텐츠'[10]에 해당하는 이 행위들은 서사민요 및 전설의 구연과 달리 민중의식이 문학·예술적으로 형상화된 텍스트 생성에 머물지 않고 형이상학적 그릇, 즉 공연이라는 콘텐츠 유형에 담긴 상태에서 사람들에게 공유되었다.

소리광대는 소리판에서 판소리를, 남사당패는 난장 안에서 꼭두각시놀음을, 탈광대는 마을 안에서 탈춤을 통해 중세의 대표적인 지배이데올로기인 지배계급의 관념적 허위, 신분적 특권의 잘못, 남성

---

10) 우리나라의 역사적 맥락에서 문화콘텐츠를 볼 때, 중세시대는 축제콘텐츠와 공연콘텐츠가 양립해서 전승된 시기다. 그리고 이 두 콘텐츠 유형의 전승 양상은 크게 두 가지 차원으로 나타났는데, 첫째로 축제콘텐츠 안에 공연콘텐츠가 귀속된 양상, 둘째로 공연콘텐츠만 독자적으로 연행된 양상이 그것이다(김진형, 앞의 논문, 156쪽).

의 횡포[11] 등을 폭로했다. 그러한 표현의 밑바탕에는 민중의식이 문학·예술적으로 형상화된 텍스트가 깔려 있었다. 그 텍스트는 공연콘텐츠의 원천소스였으며, 실제 공연에서는 대본으로 구체화되었다. 이 문화콘텐츠들의 연행자는 공연장소에 모인 다수의 사람을 위해 대본에 따라 공연했고, 그 과정에서 그들과 함께 민중의식을 공유했다.

전술한 바와 같이 전통사회에서 문화콘텐츠에 민중의식이 나타난 시기는 '계급'이 형성된 뒤부터다. 계급사회의 계급구조는 크게 지배계급과 피지배계급으로 양분되어 있었다. 여기서 일반적으로 지배계급은 양반, 피지배계급은 민중이었다. 민중에게 민중의식이 나타난 궁극적인 원인요소는 양반과 민중 사이에 발생한 '갈등'이었다. 여기서의 갈등 양상은 양반의 일방적 명령과 민중의 맹목적 복종 사이에서 생긴 갈등으로 집약할 수 있다. 전통사회에서 민중은 이러한 양상의 갈등 때문에 민중의식이 나타났다.

전통사회에서 갈등에 따른 민중의식은 결과적으로 세 가지 차원에서 '결실'을 맺었다고 볼 수 있다. ① 민중문학적 결실, ② 민중문화콘텐츠적 결실, ③ 민중혁명적 결실이 그것이다. 전통사회의 민중의식 발현에 따른 이 세 결실은 모두 대자적 민중의 마지막 단계의 민중인 '목적 지향적 민중'이 되었을 때 맺은 결실이다. 먼저 ①은 민중이 계급사회에서 생긴 억눌린 심정을 소극적으로 푸는 과정에서 거둔 결실이다. 다음으로 ②는 민중이 그러한 억눌린 심정을 좀 더 적극적으로 푸는 과정에서 거둔 결실로 볼 수 있다. 마지막으로 ③은 민중이 계급사회의 모순을 도저히 참지 못해 심정을 푸는 수준을 넘어 자신

---

11) 조동일, 『탈춤의 원리 신명풀이』, 지식산업사, 2006, 312쪽.

들의 목숨을 걸고 투쟁한 끝에 거둔 결실이라 할 수 있다.

여기서 ②는 ①과 ③의 상황 사이에서 민중의 '민중의식적 행동성'을 조절하는 기능을 했다고 볼 수 있다. 전통사회에 나타난 ②는 ①에 머물렀을 때 나타나는 민중의식적 행동성의 결핍을 상승시키고, 한편 ③으로 급진전되었을 때 나타나는 민중의식적 행동성의 과잉을 하강시키는 기능도 했기 때문이다. 가령 ①은 양반의 폭력에 대한 민중의 소극적 대응이었기에 그것을 통해 양반의 폭력을 제압하지 못했다. 그러나 ③은 양반의 폭력에 대해 민중도 폭력으로 대응하는 과정을 필수적으로 수반했기에 그 과정에서 양반과 민중 모두 많은 희생이 따랐다. 그러기에 ②가 지배계급과 피지배계급의 사회적 공존을 유지하기 위한 지혜로운 문화장치 기능을 수행했던 것이다.

현대사회에서 민중의식이 발현된 문화적 행동 중 문화콘텐츠가 아닌 것을 볼 때, 그 기본구성은 전통사회와 같다. 현대사회에 이르러서도 민중의식을 기반으로 한 문학과 혁명의 전통이 지속되었기 때문이다. 그러나 민중의식 발현에 따른 구체적인 내용은 전통사회의 내용과 다르다. 전통사회처럼 민중의식이 노래판과 이야기판 안에서 주로 서사민요와 전설의 구연을 통해 발현되기는 하지만, 전통적인 판의 축소로 활발한 구연이 이루어지지 않는 상황이다.[12] 그리고 노래와 이야기 현장의 구연내용도 전통사회의 민중의식을 그대로 수용하

---

12) 현장에 충실한 구비문학자나 민속학자들은 근래에 와서 급속히 진행되어온 이야기판의 변화를 실감하고 있다. 이야기판이 잘 형성되지 않는 현상이 우선 큰 변화이지만, 이야기판 내에서도 옛날이야기를 구연하는 화자가 흔치 않게 되었다. 전통적인 이야기 장르 자체가 전승집단 내에서 그 의미와 기능을 잃어가는 것이 아닌가 하는 생각이 들 정도다(천혜숙, 「여성생애담의 구술사례와 그 의미분석」, 『구비문학연구』 4, 한국구비문학회, 1997, 71쪽). 이러한 현상은 노래판도 마찬가지다.

는 정도에 그치기 마련이다. 특히 오늘날에는 구비문학인 서사민요와 전설의 생산·소비 대신 기록문학인 시와 소설, 수필의 생산·소비를 통해 민중의식이 발현되고 있는 점이 가장 큰 변화다.

민중의식에 따른 사회혁명의 경우에도 현대사회에서 실행된 적이 있지만, 전통사회와는 다른 양상이었다. 이승만 정권을 비롯하여 박정희에서 전두환으로 이어진 군사정권이 권력유지를 위해 탄압을 자행할 때, 국민은 참을 수 없는 지경에 이르러 '독재정권 타도'와 '민주주의 실현'을 목표로 사회혁명을 실행했다. 전통사회에서 발생한 사회혁명은 적군과 아군을 분명히 한 상태에서 살상무기를 사용해 서로를 죽이는 전쟁방식이었지만, 현대사회에서 발생한 '4.19혁명'과

〈그림 22〉 4.19혁명 당시 대학생들의 시위 모습[13]

---

13) 사진 출처: 「[4.19혁명 56주년] 박노해 시인의 詩 '믿음의 얼굴을 본다'」, 『나눔문화』, 2016년 4월 19일자, http://www.nanum.com/site/act_view/831511

〈그림 23〉 4.19혁명 당시 초등학생들의 시위 모습[14]

'6월항쟁'은 독재정권의 막강한 공권력에 민중이 함성과 맨몸으로 항거하는 방식이었다. 그럼에도 민중은 독재정권의 잔인한 고문과 죽임까지 무릅쓰면서 대항했고, 결국 사회혁명을 성공시켰다. 이렇듯 민중의식이 발현된 문화적 행동 중 문화콘텐츠가 아닌 것으로 대변된 민중문학의 생산·소비와 사회혁명의 실행이 전통사회와 현대사회에서 함께 나타난 것이다. 다만, 민중의식이 발현된 구체적인 원인과 발현내용 면에서는 전통과 현대가 확연한 차이를 보인다.

다음으로 현대사회에서 민중의식이 발현된 문화적 행동 중 문화콘텐츠인 것을 보면, 원천소스와 콘텐츠 유형이 전통사회와 다른 양

---

14) 사진 출처:「자유, 민주, 정의를 꽃피운 4.19혁명에 대해 알아보니」, 『국가보훈처 공식블로그』, 2012년 4월 16일자, http://mpva.tistory.com/1685

〈그림 24〉 6월항쟁 당시 고(故) 이한열의 장례행렬[15]

상이다. 현대사회에서 민중의식이 발현된 문화콘텐츠의 원천소스는 기본적으로 현대 민중이 겪는 오늘날의 갈등에 따른 텍스트다. 그리고 콘텐츠 유형은 과학의 진보로 인해 점진적으로 증가하는 가운데 출판콘텐츠, 영상콘텐츠, 음악콘텐츠, 전시콘텐츠 유형에서 민중의식이 적극적으로 표출되는 양상을 보인다.

전통사회에서 민중의식이 발현된 대표적인 공연콘텐츠였던 판소리, 꼭두각시놀음, 탈춤은 현대사회에 이르러 실제 맥락에 의한 전승이 단절되었다. 이와 유사한 기능을 가진 민중연극이 연행되고 있으나, 전통사회의 민속극에 비해 전승범위가 넓지 못한 것이 사실이

---

15) 사진 출처: 「6월 민주항쟁 기념일, 20장의 사진으로 보는 1987년 6월의 한국」, 『허핑턴포스트 코리아』, 2014년 6월 9일자, http://www.huffingtonpost.kr/2014/06/09/story_n_5471125.html

〈그림 25〉 6월항쟁 당시 차도에 누워 전두환 정권 퇴진을 외치는 대학생들[16]

다. 그러나 현대사회는 대자적 민중의 중간 단계인 비판적 민중을 존재하게 하는 새로운 문화콘텐츠가 다양하게 생산·유통되어 사람들에게 자유로운 체험 기회를 제공하고 있다. 오늘날에는 민중문학이나 민중이론에 관한 출판콘텐츠들을 자유롭게 읽을 수 있다. 그리고 민중의 입장에서 현대사회의 다양한 모순을 폭로하는 영상콘텐츠인 민중영화와 민중운동의 의지를 담은 음악콘텐츠인 민중가요앨범이 자유롭게 유통되어 마니아층을 형성하고 있다. 국가 차원에서 민중혁명의 역사적 위대성을 기념하는 민중혁명기념관 같은 전시콘텐츠도 상시적으로 운영되는 상황에 이르렀다. 우리 사회에 민중의식의 중요성을 일깨우는 문화적 장치로서의 문화콘텐츠가 광범위하게 형성되어 있는 것이다.

---

16) 사진 출처: 「민주화 숨은 주인공 '87년 6월의 얼굴'을 찾습니다」, 『한겨레』, 2007년 5월 25일자, http://www.hani.co.kr/arti/society/society_general/211693.html#csidx2b80c2b34e5a9f19286e56a8f67ccfa

〈그림 26〉 민중가요페스티벌 '화려한 휴가, 못다한 노래' 포스터

특히, 지난 촛불집회는 민중의식을 담은 문화콘텐츠가 문화체험 요소에 머물지 않고 현실문제 해결을 위한 변혁운동으로 실천되었으며, 당초의 목적도 달성했기에 새롭게 주목된다. 이 집회는 연속적인 개최, 반일상적 시공간 형성, 박근혜 정권의 부패청산이라는 통일된 목적가치를 획득했다. 문화콘텐츠적 측면에서 볼 때 촛불집회는 축제 콘텐츠의 주요 구성요건인 주기적 반복성, 코뮤니타스, 이념적 동질성 등을 모두 갖추었다.

촛불집회 참가자는 잘못된 현실에 분노하며 이를 극복하고자 행동으로 표현하는 참여적 교양시민이자 원민(怨民)이 호민(豪民)으로 발전한 '민중'이었다.[17] 이들은 '매주 토요일'에 '광화문광장'이라는 반

---

17) 송호근은 촛불집회의 참여주체를 '교양시민'이라고 했다. 교양시민은 학식과 전문지식을 갖춘

일상의 축제적 시공간 안에서 민중의식이 발현된 창조적인 문화콘텐츠들을 만들어냈다. 먼저 축제현장의 공연콘텐츠들은 전술한 바와 같이 마치 민중축제적 의미로서의 카니발[18] 양상 같은 '전도된 세계의 형성', '과감한 욕설적 언어표현의 허용', '유쾌하고 즐거운 체험', '조롱을 통한 웃음'[19] 등을 현실세계에 구체화시켰다. 이 상황에서 공연

사람들, 목사, 교사, 공무원, 교수, 엔지니어, 문화예술인 등이 주류다. 경제시민과 더불어 교양시민이 단단하면 민주주의가 발전할 개연성이 높아지며, 국가를 견제하고 감시하는 시민사회가 단단해진다고 주장했다. 시민은 기본적으로 시민성을 가지고 있는데, 이것은 크게 두 가지로 이루어져 있다고 했다. 첫째로 평소에 가지고 있는 생각인 '인지적 시민성', 둘째로 그것을 직접 실천하는 '참여적 시민성'이 그것이다(송호근,『촛불의 시간, 군주·국가의 시간에 시민의 시간으로』, 북극성, 2017, 110-111쪽). 그렇다면 교양시민은 크게 '인지적 교양시민'과 '참여적 교양시민'으로 나눌 수 있다. 그러나 이 둘은 별개가 아니라 인지적 교양시민이 점차 참여적 교양시민으로 발전할 수 있다.

송호근의 이러한 논리는 과거 허균이 주장한 '호민론', 한완상이 주장한 '민중론'과 대동소이하다. 허균은 호민론에서 원민은 현실의 고통 때문에 윗사람을 원망하는 존재, 호민은 정보를 모으고 주도면밀하며 냉철하게 세상을 보다가 기회를 만나면 자신의 생각을 실천하는 주도적인 존재로서 지배자의 입장에서는 몹시 두려운 사람이라 말하고 있다(이나미, 「근현대 한국의 민 개념: 허균의 "호민론"을 통해 본 국민·민중·시민」,『한국동양정치사상사연구』제13권 제2호, 한국동양정치사상사학회, 2014, 147쪽). 여기서 원민과 호민은 별개가 아니라, 모두 민중에 해당하는 존재로서 원민이 점차 호민으로 발전할 수 있다. 그리고 한완상은 앞에서 전술한 바 같이 민중의식이 각성된 대자적 민중을 크게 자의식의 민중, 비판적 민중, 목적 지향적 민중의 세 유형으로 나누었다. 여기서 자의식의 민중은 자의식을 갖는 데 그치는 민중이며, 비판적 민중은 비판적인 의식을 가지는 민중, 목적 지향적 민중은 비판적 의식에 따라 행동으로 실천하는 민중이라고 했다(한완상, 앞의 책, 226쪽). 여기서도 이 세 유형의 민중은 별개가 아니라 자의식의 민중이 비판적 민중으로 발전하고, 비판적 민중이 결국 목적 지향적 민중으로 발전할 수 있다.

지금까지 논의된 '교양시민', '호민', '민중'은 넓게 보면 모두 동일한 범주로 영역화할 수 있는 집단이라 할 수 있다. 그렇다면, 이 개념들을 따로 구분하지 않고 '민중'으로 설정하는 것이 논리적으로 가능하다.

18) 미하일 바흐친은『라블레와 그의 세계』라는 저서를 통해 중세 공식문화인 '귀족문화'에 대립적·대화적으로 관계하는 비공식문화로서 '민중문화'를 주목하고, 여기에 나타나는 민중축제 양상을 분석해서 카니발이론으로 체계화했다.

19) 신혜영, 「카니발 이론으로 본 한국의 가면극」,『민속학연구』26, 국립민속박물관, 2010, 119-135쪽.

콘텐츠 참여자들은 곧 사건의 폭로자이자 심판자였다.

수많은 공연콘텐츠 사례 중 주목되는 세 가지를 예로 들겠다. 우선, 평소 사회발전을 위해 비판의 목소리를 낸 대중가수들이 가설무대에 올라 박근혜 정권의 잘못을 꾸짖는 내용의 노래를 부르며 축제적 분위기를 띄웠고 민중은 열렬히 호응했다. 한편, 현장의 민중 가운데 일부가 최순실 가면과 박근혜 가면을 직접 쓴 뒤 '최순실의 꼭두각시 박근혜'라는 주제의 행동퍼포먼스를 하면서 문제의 원인을 설명했다. 다른 한쪽에서는 철제감옥을 배치하여 대통령과 최순실을 비롯한 여러 관련자를 모조리 잡아넣는 퍼포먼스를 하면서 최후의 결과를 모방했다. 이 세 공연콘텐츠는 제의적 반란을 허용하는 축제의 토대 위에서 박근혜 정권이 지은 죄를 밝히고 그 죄를 심판하는 역할을 했다.

축제현장의 민중은 기본적으로 대통령과 그 측근들이 법적 · 도덕적 · 윤리적으로 잘못되었다고 인식했으며, 그로 인해 분노했다. 현장에는 민중의 입장에서 잘못했다고 판단한 사실들을 폭로하는 다양한 형상물과 그들의 분노가 표출된 메시지를 담은 다양한 팻말을 현장 곳곳에 배치했다. 대통령의 상징동물인 '닭'을 잡는 모습을 형상적으로 표현한 구조물도 현장에서 어렵지 않게 확인되었다.

광화문광장 중앙에는 죄수복을 입고 포승줄에 묶인 채 인상을 찡그리고 있는 대통령과 그 측근들의 초대형 인형이 들어서 있었다. 이것은 축제콘텐츠에 귀속된 '전시콘텐츠' 역할을 했는데, 여기서의 인형은 단순한 풍자인형이 아니었다. 인형이라는 텍스트 주변에 그 인형의 실제인물이 잘못한 것을 지적하는 수많은 콘텍스트가 존재함으로써 인형을 바라보는 사람들로 하여금 골계가 아닌 비장함을 느끼게 만들었다. 대통령과 그 측근들의 잘못이 무엇인지를 폭로하고 국민이 무엇을 원하는지를 말하는 데 있어 현장의 민중은 우스꽝스러움보다 진중함을 택했다. 결과적으로 축제콘텐츠＋공연콘텐츠＋전시콘텐츠가 유기적으로 연결된 이러한 역동적 문화콘텐츠가 만들어지는 기저에는 잘못된 현실을 풍자와 예술과 미(美)를 통해 과감히 비판하고 그것을 바로잡기 위해 투쟁하는 '성숙된 민중의식'이 반영되어 있다고 할 수 있다.

전술한 바와 같이 현대사회에서 민중의식을 발현하는 문화콘텐츠는 콘텐츠 유형과 원천소스가 전통사회와 다른 양상이다. 이것은 결과적으로 과학의 진보와 사회구조의 변화 때문이다. 과학의 진보는 문화콘텐츠의 유형적 다양성을 이루어냈다. 이 상황에서 문화콘텐츠 개발자는 다양한 콘텐츠 유형 중 민중의식을 발현시키기에 적합한 것을 선택할 수 있게 되었다. 그리고 사회구조의 변화로 인해 민중의식을 표출하는 콘텐츠 결과물의 원천소스가 변화되었다. 과거 계급사회 때는 중세의 지배이데올로기가 문화콘텐츠의 원천소스로 적용되던 것이 계층사회에 와서는 계층 간 차별로 인한 새로운 갈등 양상이 문화콘텐츠의 원천소스로 적용되기에 이르렀다.

가령 정경유착에 따른 정치·경제 권력의 부패를 비롯하여 사회적으로 갑이 을에게 행하는 소위 갑질, 기업의 자본가가 노동자에게 가하는 노동착취, 여성·장애인·다문화가정에 대한 혐오, 금수저와 흙수저의 비교담론 등은 현대사회에서 계층갈등을 유발하는 대표적인 원인요소다. 이러한 원인요소들은 문화콘텐츠의 주요 원천소스로 활용될 수 있으며, 그로 인해 전통사회와는 전혀 다른 내용으로 민중의식이 표출될 수 있는 것이다.

　현대사회의 갈등에 따른 민중의식 표출양상을 종합해보면, 전통 사회의 세 결실을 여전히 맺었거나 맺는 중이라고 볼 수 있다. ① 민 중문학적 결실은 기록문학의 생산·소비를 통해, ② 민중문화콘텐츠 적 결실은 새로운 주제와 다양한 유형의 문화콘텐츠를 통해 맺고 있 다. ③ 민중혁명적 결실은 무소불위의 독재권력에 함성과 맨몸으로 대항해서 맺은 사실이 있기 때문이다. 그러나 각각의 결실을 맺게 된 궁극적인 원인은 전통사회의 결실과 비교했을 때 차이가 난다. 왜냐 하면 전통사회는 계급사회의 지배이데올로기로부터 비롯된 갈등인 데 비해, 현대사회는 계층사회의 지배·차별·혐오 문제로부터 비롯 된 갈등이 주를 이루기 때문이다. 계급모순과 계층모순은 발생 원인 이 다르기에 전통사회와 현대사회에서 민중의식이 결실을 맺게 된 원 인도 제각기 다를 수밖에 없다.

　①, ②, ③의 상호관계 면에서도 현대사회는 전통사회와 확연한 차이를 보인다. 먼저, 이승만 정권 때는 ①을 통해 ③을 바로 맺었다 고 해도 과언이 아니다. 이 시기는 사회 저변에 반공(反共) 이념이 확산 되어 있었다. 이러한 시대 상황에서 상당수의 사회구성원이 민중문화 콘텐츠를 반공적 가치에 위배되는 '불온한 문화'로 인식했을 것이라 는 추론은 설득력이 있다. 그러나 ③의 맺음의 밑바탕에는 당시 지식 인들에 의한 ①이 있었음이 분명하다.

　이와 달리, 박정희 정권 때는 ③을 맺지는 못했지만 ①을 통해 ②의 기초를 다지는 작업을 했다고 볼 수 있다. 4.19혁명을 통해 독재 정권을 종식하고 민주사회를 갈망했던 분위기가 군사정권의 등장으로 좌절되는 상황에서 대학생과 지식인의 진보적 의식은 연극공연으로 표출되었다.[20] 1960년대에 서울대학교 문리대 연극반에서 창작극과 전통민속연희를 통해 마당극의 모태를 만들었고,[21] 1970년대에 들어서고부터 마당극은 형식과 내용에 발전을 이루었다.[22] 그러나 이것이 대중적으로 확산하지는 못했다.

그에 비해 전두환 정권 때는 ①과 ③ 사이에 ②가 대학생들의 주체적인 행동을 통해 맺어졌다고 볼 수 있다. 1980년대에 이르러 박정희 정권이 갑작스럽게 종식된 뒤, 유신체제의 폭압에 주눅이 든 대다수 학생들을 부담 없이 불러 모으는 데는[23] 공연콘텐츠가 효과적이었다. 이런 배경 속에서 마당극은 1970년대의 양식실험이 정리되고 양적으로 팽창하며 대중적으로 확산하는 계기를 마련하게 된다.[24]

이 시기에 주목할 것은 ②가 ①과 ③ 사이를 완충하는 기능에 머물지 않고, ③을 적극적으로 유도하는 기능을 했다는 점이다. 그 대표적인 예가 당시 대학가를 중심으로 일어난 '탈춤부흥운동'이다.[25] 이 운동은 민중의식을 예술적으로 형상화시켜 공연을 한 것이기에 민중의식의 문화콘텐츠적 발현에 해당한다. 그리고 공연행위가 곧 사회혁명의 기초를 다지는 실천행위의 일환이기도 했다. 당시 ②를 만든 주체인 대학생들은 당대를 대표하는 민중이었다는 점에서 이것이 민중

20) 이영미, 『마당극양식의 원리와 특성』, 시공사, 2001, 43-44쪽.

21) 위의 책, 44쪽.

22) 임진택, 『민중연희의 창조』, 창작과 비평사, 1990, 130-133쪽 내용 참조.

23) 위의 책, 134쪽.

24) 이영미, 앞의 책, 53쪽.

25) 조동일, 앞의 책, 250-251쪽.

문화콘텐츠적 결실임에 틀림없다. 그러나 이것은 전통사회의 ②에 나타난 풍자와 폭로를 넘어서는 ③을 향한 '대대적인 문화운동' 기능을 했다.

촛불집회의 경우에는 지금까지 논의한 민중의식의 세 결실의 상호관계 양상을 넘어선 문화콘텐츠로 볼 수 있다. 현재 우리나라는 민중의 노력으로 독재주의 국가체제를 무너뜨린 민주주의 국가체제를 형성하고 있다. 하지만 오늘날에도 엘리트와 민중 간의 갈등은 발생하지 않을 수 없어 민중의식은 지속적으로 발현된다. 그러나 민중의식 발현에 따른 세 결실의 상호관계 양상을 촛불집회에 적용하여 살펴보면, 과거와는 완전히 다른 결과가 나타난다.

이승만, 박정희, 전두환으로 이어진 국가주의적 통치의 전통이 단절된 뒤, 한국의 민중은 ①과 ②의 결실을 그 어느 때보다 자유롭게 맺어나가고 있었다. 그런데 최근 민중은 박근혜 정권의 '무능'과 '부패'가 극에 치달아 정권교체를 해야 한다고 인식했다. 그런데 민중은 이 상황을 인식하면서도 ③으로 이행하지 않고, 민주국가의 구성원으로서 민주주의 정신에 맞는 방법으로 민중의식의 결실을 맺었다고 볼 수 있다. ②의 기능을 충실하게 발휘하여 현실에 직면한 거대 갈등을 해결하는 방식을 택했던 것이다. 민주국가에서의 ①과 ②의 자유로운 맺음이 민중의 사회의식을 건강하게 하고, 이것이 사회갈등을 해결할 때도 ③이 아닌 ②를 충실하게 발휘하는 새로운 방법을 적용한 셈이다. 결과적으로 민중의 성숙한 민중의식이 문화콘텐츠를 통해 발현되고, 나아가 민중의식의 문화콘텐츠적 발현의 극대화는 헌법수호의 의지를 망각한 박근혜 정권을 종식시키는 데 지대한 공헌을 했다. 이

〈그림 27〉 탄핵기념 촛불집회 현장[26]

것을 통해 성숙한 민주주의국가에서는 사회갈등을 해결할 때, 예술과 감동으로 실현된 '문화콘텐츠의 힘'이 감정에 의한 물리적 행동력보다 훨씬 강하다는 것을 알 수 있다.

---

26) 사진 출처: 「"진짜 최고 권력자는 국민이다" '민주주의 축제' 만끽한 시민들」, 『오마이뉴스』, 2017년 3월 11일자, http://www.ohmynews.com/NWS_Web/View/at_pg_w.aspx-?CNTN_CD=A0002306476

3.
문화콘텐츠에 나타난
민중의식의 미래가치 실천방향

1) '죽이는 문화콘텐츠'에서 '살리는 문화콘텐츠'로

40대 남성이 자신의 방에서 인터넷게임을 하다가 환청이 들려 거실에 있던 부모를 흉기로 잔인하게 살해했다.[27] 그런가 하면, 인터넷게임 중 시비가 붙은 초등학생이 친구를 칼로 수십 차례나 찔러 중상을 입히기도 했다.[28] 심지어는 젊은 부모가 인터넷게임에 중독되어 한 살배기 아들을 방임·학대하다가 아들이 칭얼댄다는 이유로 폭행해 끝내 숨지게 하는 일까지 벌어졌다.[29] 그런데 이들이 한 게임은 모

---

27) 「부모살해한 '게임중독' 40대 항소심 기각」, 『충청투데이』, 2015년 10월 8일자, http://www.cctoday.co.kr/?mod=news&act=articleView&idxno=931372

28) 「'게임이 뭐길래' 초등생, 흉기 휘둘러」, 『SBS뉴스』, 2006년 4월 10일자, http://news.sbs.co.kr/news/endPage.do?news_id=N1000096842&plink=OLDURL

29) 「한 살배기 아들 숨지게 한 부부 '게임중독'」, 『경인일보』, 2017년 4월 6일자, http://www.kyeongin.com/main/view.php?key=20170405010001676

두 문화콘텐츠산업계가 그토록 원하는 '킬러콘텐츠(Killer Contents)'였다는 점이다. 이 사례들은 킬러콘텐츠가 때로는 대중을 살인자로 만들기도 하는 극단적인 결과를 보여주는 대목이다.

킬러콘텐츠란 시장경제에서 흥행에 성공한 문화콘텐츠를 일컫는 신조어다. 말 그대로 '죽이는 콘텐츠', '죽여주는 콘텐츠'라는 것이다. 누가 만든 용어인지도 모르는 이 용어는 이제 사전에도 등장한다. 사전에서는 이 용어의 개념을 "콘텐츠 경쟁에서 우위를 차지하면서 다른 콘텐츠를 선도하는 매력적인 핵심콘텐츠"로[30] 정의하고 있다. 그런데 정의된 개념과 용어를 보면, 이 둘이 서로 어울리지 않는다. 왜냐하면 개념은 존재에 대한 체계화된 관념이다. 개념을 사회 안에 여러 사람들이 공유하기 위해서는 '약속된 단어'가 필요한데, 그것이 바로 용어다. 그렇기에 개념이 있다면 용어는 그 개념을 함축해야 하는 것이 기본이다. 그런데 용어로서 킬러콘텐츠와 그에 따른 개념을 보면, 용어가 개념의 함축은커녕 개념을 제대로 표현하지도 못하기 때문이다.

킬러콘텐츠 개념의 정의내용에 따른다면, 사실 용어를 킬러콘텐츠보다 코어콘텐츠(Core Contents) 또는 파워콘텐츠(Power Contents)로 설정하는 것이 적합하다. 그렇게 되면 용어가 개념의 의미를 제대로 담는 단어 역할을 할 수 있기 때문이다. 그럼에도 살인청부업자인 '킬러'를 콘텐츠 앞에 붙인 이유가 도대체 무엇일까. 아마도 시장경제에서 가장 흥행하는 문화콘텐츠라는 것을 과잉해서 표현한 게 아닐까. 이러

---

30) 「킬러콘텐츠」, 『네이버지식백과, 시사상식사전』, http://terms.naver.com/entry.nhn?docId=3432642&cid=43667&categoryId=43667

한 과잉표현이 함축된 것으로 느껴질 수밖에 없는 '킬러콘텐츠'라는 용어는 '내가 만든 콘텐츠가 최고가 되기 위해서라면 다른 사람이 만든 콘텐츠는 모두 죽여버린다'라는 잔인함을 떠오르게 한다. 적자생존의 자본주의 시장경제 논리가 문화콘텐츠 생태계에 그대로 적용된 것이다. 킬러콘텐츠라는 용어는 이러한 암울한 현실을 시사한다.

모든 킬러콘텐츠가 그런 것은 아니지만, 상당수 킬러콘텐츠에 나타나는 중독적인 살인행위는 대중에게 가상세계와 현실세계를 혼동하게 만들기도 한다. 이러한 혼동을 바로잡지 못한 대중이 결국 현실세계에서 잔혹한 살인자가 될 수도 있다. 살인이 정당화되고, 살인을 많이 할수록 인정받는 법칙이 존재하는 온라인 RPG(Role Playing Game)는 게임자가 게임의 시공간을 나와서도 살인을 저지르는 '정말 죽이는' 문화콘텐츠가 될 수도 있다. 일부 킬러콘텐츠의 극단적 사례에 나타나는 생명경시 풍조는 결국 대중의 정신을 병들게 하고, 나아가 인간의 존엄성이 죽은 사회를 만드는 데 기여하고 있는 셈이다.

오늘날 우리는 인간의 존엄성이 죽은 야만적 사회에 살고 있다. 이 사회 안에 차별, 모욕, 강도, 강간, 살인 등이 광범위하게 이루어지고 있으며, 이것을 막을 수도 없기 때문이다. 그렇다면, 이 사회가 인간의 존엄성이 살아있는 사회로 거듭나는 일은 바람직한 미래구상에 무엇보다 중요하다. 여기서 문화콘텐츠는 사회적 기능 면에서 양날의 칼과 같다. 문화콘텐츠가 인간의 존엄성을 죽이는 사회를 만드는 데 기여했지만, 정반대의 사회를 만드는 데도 충분히 기여할 수 있기 때문이다. 그동안 만들어진 문화콘텐츠 결과물에 부정적인 문화와 긍정적인 문화가 모두 담겨 있는 것이 이를 방증한다. 그렇다면, 현재의 야만적인 사회상황을 회복하려 할 때 문화콘텐츠가 뒷짐만 지고 있을 수는 없다. 따라서 인간의 존엄성을 살리는 사회로 거듭나는 데 일조할 수 있는 '살리는 문화콘텐츠'가 무엇인지를 모색하는 것이 필요하다.

여기서 강조하는 '살리는 문화콘텐츠'를 모색하기 위해 맨 먼저 해야 할 일은 대중을 살인자로 만드는 '죽이는 문화콘텐츠'의 환경적 요인에 대한 탐색이다. 이와 관련하여 죽이는 문화콘텐츠의 대표적인 예인 살인형 온라인 RPG는 일반적으로 개인의 방 또는 PC방이라는 폐쇄된 환경에서 이루어진다. 이러한 게임의 특징은 게임자가 게임 안의 가상세계에서는 여럿이 함께 있지만, 게임 밖의 현실세계에서는 사실 혼자 있다는 점이다. 게임자는 현실세계의 혼자라는 상황에서 게임에 중독되었고, 그 중독이 그를 늘 혼자 있게 만들었으며, 그로 인한 오랜 기간의 인간관계 단절이 결국 그를 살인자로 만들었다. 한편, 현실세계의 대중은 서로 소통할 때 공동체적 유대감을 형성할 수 있고, 그 과정에서 인간의 존엄성도 깨닫는다. 그런 점에서 게임중독에 빠진 살인자의 일상적 환경은 인간의 존엄성을 깨달을 수 있는 환경이 아니었다.

이와 같이 살인을 부르는 일부 킬러콘텐츠와 민중의식을 발현한 문화콘텐츠인 촛불집회를 비교하면, 이 둘은 대조적이다. 전자는 개인주의와 폭력을 조장해서 사회공동체로의 진전을 방해했지만, 후자는 결사(結社)를 통한 사회공동체로의 진전을 이루어냈기 때문이다. 여기서 후자는 오래전 붕괴된 사회공동체를 되살리고, 나아가 쇠퇴한 민주주의를 되살린 문화콘텐츠다.

촛불집회는 현장의 민중이 추구하는 이념과 표현의 내용을 볼 때, 인간의 존엄성이 죽어가는 사회를 민중공동체의 힘으로 되살린 문화콘텐츠였다. 그러나 목표의 달성과 함께 소멸되었다. 당시 이 문화콘텐츠는 주기적 순환구조 속에서 민중의식 발현을 통해 강력한 사회발전 기능을 수행했지만, 근본적으로 세시행사 같은 지속 가능한 문화콘텐츠는 아니었다는 점이 한계다.

그러나 촛불집회가 지속 가능한 국가축제콘텐츠로서의 변용가치가 두드러진다는 점에 주목해야 한다. 왜냐하면 우리 사회는 계층 갈등으로부터 완전한 해방을 이룰 수 없기에 국민은 언제든지 민중이 될 수 있고, 그로 인해 민중의식은 언제나 싹틀 수 있다. 가령 권력의 부패, 갑질, 약자혐오, 사회양극화 등은 현실에서 쉽게 극복될 수 있는 갈등요소가 아니다. 그렇지만 이러한 갈등요소로부터 발생하는 사회문제는 반드시 청산되어야 할 과제임이 분명하다. 그런 점에서 오늘날 우리 사회에 민중의식의 예술적 발현으로 사회문제 해결에 기여하는 지속 가능한 국가축제적 성격의 문화콘텐츠의 작동이 요청된다. 이러한 문화콘텐츠가 현실세계에서 '의례적 세시성'과 '국민적 통합성'을 확보하고, 나아가 '의식의 민중성'과 '표현의 예술성'을 발휘한다면, 인간과 인간, 인간과 사회의 관계에서 형성되는 여러 갈등을 문화적으로 해결하는 구심점이 된다. 이는 결국 더욱 민주적인 한국사회를 실현하는 데 지대한 공헌을 할 것이다.

2) 문화콘텐츠의 핵심기반을 재편하는 문화콘텐츠혁명

문화콘텐츠는 크게 개념과 기반을 통해 현실에 구체화되는데, 이것은 대부분 정부가 담당한다. 1999년 문화 담당 정부부처(이하 문화부)는 "국민의 문화적 삶의 질 향상과 국민경제의 발전에 이바지"하고자 문화콘텐츠를 성립시켰다. 이에 따라 문화부는 법률기반, 관리기반, 사업기반이라는 강력한 세 기반을 구축했다. 문화예술의 창달과 관광의 진흥을 담당하는 정부부처가 이때부터 '상품'에 본격적인 관심을 가지게 되었다.

그런데 정부가 성립한 문화콘텐츠는 이념과 실제의 관계에서 모순이 발생한다. 문화콘텐츠의 이념은 법에서 밝히듯이 "국민의 문화적 삶의 질 향상과 국민경제의 발전에 이바지"하는[31] 것이다. 그런데 문화콘텐츠의 실제에 해당하는 정책사업을 보면, 국가경제의 성장을 위해 수도권[32] 엔터테인먼트기업들의 디지털상품 개발을 중점적으로 지원하는 구조[33]를 이루고 있기 때문이다. 이 상황에서 문화콘텐츠정

---

31) 「문화산업진흥기본법」 제1조.
32) 『2016 콘텐츠산업 통계조사』의 결과에 따르면, 2015년 기준 한국의 문화콘텐츠산업 관련 사업체는 서울·경기도가 51.7%(문화체육관광부, 『2016 콘텐츠산업 통계조사』, 2017, 61쪽 통계표 발췌)를 차지하는 것으로 나타났다. 특히, 주목되는 것은 지역별 매출 비율에서 서울·경기도가 한국 콘텐츠산업 전체 매출의 85.7%(위의 보고서, 65쪽 통계표 발췌)를 차지할 정도로 수도권과 지방의 매출 격차가 더욱 크게 벌어진 것으로 나타났다.
33) 「문화산업진흥기본법」 제2조의 내용을 보면, 1항은 문화산업의 개념과 유형, 2항은 문화상품의 개념, 4항은 디지털문화콘텐츠의 개념, 7항은 멀티미디어콘텐츠의 개념을 정의하고 있다. 이 내용을 통해 「문화산업진흥기본법」이 주로 디지털상품을 중점적으로 육성시키기 위해 만든 법이라는 것이 확인된다. 이 법에 따라 운영되는 문화체육관광부의 콘텐츠정책국·저작권국·미디어정책국은 주로 영상, 비디오물, 애니메이션, 게임, 문화미디어, 방송 등의 디지털 매체 기반의 콘텐츠 유형을 중점적으로 육성·지원하고 있다(문화체육관광부, 문체부 소개, 조직 안내, 본부내용 참조, http://www.mcst.go.kr/web/s_about/organ/main/mainOrgan.jsp).

책의 경제적 관심에 따른 문화의 무관심, 수도권과 지방의 육성지원에 대한 불평등이 극명하게 나타난다. 이것은 문화콘텐츠의 생태적 측면에서 '잘못된 현실'이다. 그리고 이를 자각한 사람들은 그러한 현실을 비판하는 '민중의식'이 형성될 것이다.

문화콘텐츠의 이념과 실제 관계에서 발생하는 모순점은 크게 두 가지다. 첫째로 이념은 문화와 경제의 공동성장이지만, 실제는 경제성장에 몰입하고 있다는 점이다. 둘째로 이념은 정책이 나라 전체에 확산하는 것이지만, 실제는 정책이 수도권에 집중되어 있다는 점이다. 이것은 문화진흥을 책임지고 담당하는 문화부가 21세기에 접어들자 자신의 본분을 망각한 채 경제수익 창출에 골몰하다가 벌어진 결과로, 문화부의 자체 모순을 드러낸다. 문화를 위해 일하는 것이 기본인 문화부가 엉뚱하게 '돈 잘 버는 문화기업들 더 잘 벌라'고 전폭적으로 지원해주다가 이러한 결과를 초래한 셈이다.

현재 정부가 문화콘텐츠로 규정한 게임, 애니메이션, 영화, 모바일, 음악 등은 사실 그들이 문화콘텐츠라는 조작적 정의를 내리기 전부터 엔터테인먼트산업의 주요 분야였다.[34] 이 분야는 경제학에서도 21세기 경제발전의 새로운 성장동력으로 평가할[35] 정도다. 그렇다면, 이것은 문화콘텐츠일지라도 지극히 산업적인 목적을 가지고 있기에 한국의 경제기반을 관리하는 경제부처가 국가산업 차원에서 담당하

---

[34] 엔터테인먼트산업은 '문화콘텐츠'라는 용어가 성립되기 전부터 있었던 산업유형이다. 한국에서는 엔터테인먼트를 처음에는 '오락' 또는 '연예'에 가까운 개념으로 생각해왔으나, 디지털사회로의 진입 후 디지털엔터테인먼트의 경제적 성공에 따라(유진룡 외 24명, 『엔터테인먼트산업의 이해』, 넥서스BIZ, 2009, 17쪽) 엔터테인먼트의 개념이 크게 확장된다.

[35] 위의 책, 29쪽.

는 게 효과적이지 않은가. 결과적으로 지금 문화부는 현재의 문화콘텐츠정책에 나타나는 모순의 자각을 통해 이 정책의 기반을 재편하여 새로운 질서를 부여하는 문화콘텐츠혁명을 시도해야 할 시점에 놓여 있다. 문화부 차원의 문화콘텐츠혁명은 이제까지의 문화콘텐츠 기반을 폐기하고, 문화의 가치가 적용되는 새로운 기반을 세움으로써 문화콘텐츠 기능의 근본적인 전환을 가져오는 수준의 과업이어야 한다. 한편, 기존에 운영된 문화콘텐츠의 '산업' 관련 제 기반을 산업부에 안정적으로 넘겨주는 것도 소홀히 해서는 안 된다.

문화콘텐츠혁명은 기본적으로 현재의 문화콘텐츠정책 운영에 따른 3대 기반을 '재편'했을 때 구체화될 수 있다. 여기서는 그 기반에 대한 재편의 기본방향을 제시한다. 첫째로 문화콘텐츠 법률기반에 대한 재편의 방향이다. 「문화산업진흥기본법」과 「콘텐츠산업진흥법」은 산업법적 성격을 가진다. 그런데 이 법이 경제부처인 산업부에 적용될 때는 문제될 것이 없으나, 문화부에 적용되었을 때는 모순 상황이 발생한다. 왜냐하면 문화부는 기본적으로 산업육성이 아닌 '문화육성'에 힘써야 하며, 오히려 산업의 가속화 과정에서 쇠퇴한 문화를 부흥시켜야 할 막중한 책임이 있다. 그러나 이 법은 문화가 아닌 '산업을 위한 것'이기 때문이다.

이러한 모순 상황을 해소하기 위해서는 현재의 「문화산업진흥기본법」과 「콘텐츠산업진흥법」을 「엔터테인먼트산업진흥기본법」으로 통합·개정하여 산업부로 이관하는 것이 선행되어야 한다. 그런 다음 문화부에서 국민의 문화적 삶의 가치 증대를 위한 '문화육성'에 방점을 둔 「문화콘텐츠진흥기본법」을 새롭게 제정하는 것이다. 이 법에 반영되는 모든 항목과 내용은 경제와 확연히 대립되는 '문화'를 수호하기 위한 것으로 명시되어야 한다. 그리고 이에 대한 구상은 반드시 문화에 대한 통찰력을 갖춘 문화학자 및 전문가들에 의해 이루어져야 할 것이다. 결과적으로, 이는 문화콘텐츠를 통한 산업진흥은 산업부에서, 문화진흥은 문화부에서 각각 담당하도록 법률을 재설계하는 작업의 성격을 가진다.

둘째로 문화콘텐츠 관리기반에 대한 재편방향이다. 문화부는 2017년 9월 4일부로 문화콘텐츠산업실을 폐지하고, 의사결정의 신속화와 책임소재의 명확화를 위해 콘텐츠정책국, 저작권국, 미디어정책국 등 3개의 국체제로 전환했다.[36] 문화콘텐츠산업실은 관련 법률에 따라 문화콘텐츠산업을 국가적 차원에서 관리하는 역할을 했는데, 이제는 분리된 3개 국이 그 역할을 하게 된다. 과거 문화콘텐츠산업실은 한국의 엔터테인먼트산업 발전에 크게 기여한 것이 사실이며,[37] 앞으로도 이 3개 국을 통해 한국의 엔터테인먼트산업은 발전할 것으로 예상된다. 그러나 문제는 이러한 역동적인 조직들이 문화부에 있음으로써 문화적 측면에서 공교롭게도 경제에 과도하게 집착하는 '비문화적 현상'을 불러일으켰다는 점이다. 그러나 한편으로 문화콘텐츠의 '산업화'를 목적으로 하는 엔터테인먼트산업이 한국경제의 발전에

---

36) 「문체부, 콘텐츠·체육·관광실 3개실 폐지해 '국 체제'로 전환한다」, 『news 1』, 2017년 8월 29일자, http://news1.kr/articles/?3085302

37) 한국 문화콘텐츠산업의 총 매출액을 볼 때, 2012년은 87조 2,716억 원(문화체육관광부, 『2013 콘텐츠산업 통계조사』, 2013, 2쪽), 2013년에는 91조 2,096억 원(문화체육관광부, 『2014 콘텐츠산업 통계조사』, 2014, 2쪽), 2014년에는 94조 9,472억 원(문화체육관광부, 『2015 콘텐츠산업 통계조사』, 2015, 2쪽), 2015년에는 100조 3,863억 원(문화체육관광부 『2016 콘텐츠산업 통계조사』, 2017, 3쪽)이며, 2005년 이래 매년 지속적인 상승추세를 보인다.

공헌하고 있다는 것은 누구도 부인할 수 없는 상황이다.

그러기에 문화콘텐츠 관리기반의 재편방향을 설정하기 위해서는 이와 같은 비문화적 현상의 해소와 엔터테인먼트산업 관리에 대한 영속성 유지라는 두 문제가 동시에 고려되어야 한다. 그렇게 되어야 문화콘텐츠의 권력구조적 대립요소 사이의 불평등 관계가 '평등관계'로 전환되는 길을 열 수 있을 것이다. 이에 따른다면, 우선 문화콘텐츠의 '산업화'를 목적으로 하는 엔터테인먼트산업의 국가적 관리주체를 문화부에서 산업부로 재설정할 필요가 있다. 그런 다음 산업부 안에 엔터테인먼트산업 관리조직을 갖추고 나서 현재 문화부가 담당하는 엔터테인먼트적 문화콘텐츠산업을 이 조직이 더욱 전문적으로 관리하는 것이다. 그렇게 된다면, 문화부에서는 사회구성원의 문화발전을 위한 문화콘텐츠 개발을 목표로 하는 문화콘텐츠 관리조직을 새롭게 구성·운영할 수 있을 것이며, 이를 통해 문화부다운 문화콘텐츠 관리체계를 갖출 수 있을 것으로 전망한다.

마지막으로 문화콘텐츠 사업기반에 대한 재편방향이다. 현재 문화부는 정부 차원의 문화콘텐츠사업을 추진하기 위해 '한국콘텐츠진흥원'을 운영하고 있다. 한국콘텐츠진흥원은 그동안 한국의 엔터테인먼트적 문화콘텐츠산업 발전을 위한 많은 사업을 펼쳐왔다. 이 기관은 원래 '한국문화콘텐츠진흥원'이라는 기관명으로 출발했지만, 현재는 기관명이 '한국콘텐츠진흥원'으로 변경되었다. 어느 순간 기관명에 '문화'가 삭제된 것이다. 이 과정에 주목한다면, 문화를 소중히 해야 할 문화부 소속기관이 자신들의 기관명에 문화를 삭제한 궁극적 이유가 궁금하지 않을 수 없다. 이에 대해 문화부의 공식적인 입장은 유관기관 통폐합에 따른 통합명칭[38]을 부여한 것이라고 한다. 그러나 분명한 것은 문화가 그들의 사업추진에 '긍정적 요소'는 아닌 것으로 인식했다는 점이다.

한국콘텐츠진흥원 입장에서는 디지털상품 유통을 통한 국가의 경제발전이 절대적으로 중요한 가치다. 그러다 보니 '문화'를 걸림돌로 인식한 것은 아닐까? 만약 그렇다면 문화기관이 자신들과는 상극인 경제를 우대하고 문화는 멸시한 것이나 다름없다. 다만, 한국콘텐츠진흥원은 누가 봐도 한국의 엔터테인먼트적 문화콘텐츠산업 발전에 공헌한 기관이다. 그러기에 이제 한국콘텐츠진흥원은 입장 차이에 따라 논란이 될 수도 있는 단어인 '콘텐츠'마저 삭제한 '한국엔터테인먼트산업진흥원'으로 기관명을 변경한 다음 산업부의 산하로 이관시켜 국가의 경제발전을 위해 일하는 것이 바람직하다. 그렇게 된다면, 문화부에서는 우리 사회 구성원의 문화발전만을 위한 문화콘텐츠 진흥사업을 추진하는 '한국문화콘텐츠진흥원'으로 재구성해서 운영했을 때, 명실상부한 문화기관의 위상을 구축할 수 있을 것이다. 이는 결과적으로 문화콘텐츠에 관한 정부 차원의 진흥사업 중 '산업진흥분야는 산업부 산하기관'에서, '사회문화진흥분야는 문화부 산하기관'에서 각각 담당하도록 하는 구상이라 할 수 있다.

---

38) 정부는 2009년 2월 17일 25개 공공기관을 11개 기관으로 통폐합하는 방안을 최종 확정하고, 그 해 상반기에 완료했다. 이때 문화체육관광부 산하 한국게임산업진흥원, 한국문화콘텐츠진흥원, 한국방송영상산업진흥원이 한국콘텐츠진흥원으로 통합되었다(「25개 공공기관 11개로 통폐합 확정」, 『매일경제』, 2009년 2월 17일자, http://news.mk.co.kr/newsRead.php?year=2009&no=101085).

참고문헌

강현구 외, 『문화콘텐츠와 인문학적 상상력』, 글누림, 2005.

구미래, 「팔관회의 국가축제적 성격」, 『한국종교민속시론』, 민속원, 2004.

김교봉, 『다중사회의 문화산업』, 박이정, 2006.

김규찬, 『문화산업정책 20년 평가와 전망』, 한국문화관광연구원, 2015.

김기덕 · 신광철 , 「문화 · 콘텐츠 · 인문학」, 『문화콘텐츠입문』, 북코리아, 2006.

김방옥, 「마당극 연구」, 『한국연극학』 7, 한국연극학회, 1995.

김열규, 『한국인의 신명』, 주류, 1982.

김원호, 『풍물굿 연구』, 학민사, 1999.

김의숙 · 이창식, 『문학콘텐츠와 스토리텔링』, 역락, 2008.

김정해, 『역대 대통령부의 조직학습과정 분석: 대통령 리더십과 비서실 조직의 학습과정
　　　중심으로』, 이화여자대학교 박사학위논문, 2001.

김주연, 『대중문학과 민중문학』, 민음사, 1980.

김지연, 「전두환 정부의 국풍81: 권위주의 정부의 문화적 자원동원 과정」, 이화여자대학교
　　　석사학위논문, 2013.

김진형, 『문화콘텐츠와 멀티유즈 전략』, 민속원, 2015, 45쪽.

_____, 「문화콘텐츠의 민중의식과 변혁적 가치로의 실천방향」, 『글로벌문화콘텐츠』 31,
　　　글로벌문화콘텐츠학회, 2017.

_____, 「문화콘텐츠의 인식범위 확장과 생산 · 소비 메커니즘 진단」, 『인문콘텐츠』 42,
　　　인문콘텐츠학회, 2016.

_____, 「문화콘텐츠의 육성기반과 판문화의 가치 적용」, 『민속연구』 29, 안동대학교
　　　민속학연구소, 2014b.

──, 「민중적 시각으로 본 문화콘텐츠의 권력구조적 불평등 양상」, 『민속연구』 36, 안동대학교 민속학연구소, 2018.

──, 「신명풀이의 변화양상과 판문화콘텐츠적 계승방안」, 『비교민속학』 58, 비교민속학회, 2015.

──, 「지자체 문화콘텐츠의 멀티유즈화 현상과 지역문화적 가치」, 『인문콘텐츠』 32, 인문콘텐츠학회, 2014a.

김헌선, 「한국예술의 미학적 범주」, 『성곡논총』 32, 성곡학술문화재단, 2001.

김효, 「한국과 서구의 공연예술 미학: 카타르시스와 신명풀이의 재조명」, 『외국문학연구』 39, 한국외국어대학교 외국문학연구소, 2010.

나경수, 「21세기 민속문화와 정책 방향」, 『한국민속학』 40, 한국민속학회, 2004.

나승만, 「민중주의민속학과 우리민속학의 전망」, 『비교민속학』 48, 비교민속학회, 2012.

노재봉, 「populisn(민중주의) 논고」, 『국제문제연구』 8권 1호, 서울대학교 국제문제연구소, 1984.

류웅재·김덕모, 『소통하는 문화기획론』, 한국학술정보(주), 2008.

류정아, 「지역문화콘텐츠 개발의 이론과 실제: 축제를 중심으로」, 『인문콘텐츠』 8, 인문콘텐츠학회, 2006.

린 헌트 엮음, 조한욱 옮김, 『문화로 본 새로운 역사 그 이론과 실제』, 조합공동체 소나무, 1996.

막스 베버 지음, 이상률 옮김, 「16항 권력과 지배」, 『사회학의 기초개념』, 문예출판사, 2017.

문화체육관광부, 『2013 콘텐츠산업 통계조사』, 2014.

──, 『2014 콘텐츠산업 통계조사』, 2015.

──, 『2015 콘텐츠산업 통계조사』, 2016.

──, 『2016 콘텐츠산업 통계조사』, 2017.

미셸 푸코 지음, 이규현 옮김, 『성의 역사 1 (지식의 의지)』, 나담, 2017.

박상천, 「문화콘텐츠 개념정립을 위한 시론」, 『한국언어문화』 33, 한국언어문화학회, 2007.

박장순, 『문화콘텐츠 해외마케팅』, 커뮤니케이션북스, 2005.

비판사회학회 엮음, 『사회학, 비판적 사회읽기』, 한울아카데미, 2017.

성해영, 「정치엘리트와 대중의 관계」, 『고시계』 464, 고시계사, 1995.

송영민·강준수, 「바흐친 카니발리즘을 통한 축제 속 공연 분석 ─2014년 춘천마임축제의 공연을 중심으로」, 『글로벌문화콘텐츠』 24, 글로벌문화콘텐츠학회, 2016.

송윤엽 엮음, 『브레히트의 연극이론』, 연극과 인간, 2005.

송호근, 『촛불의 시간, 군주·국가의 시간에서 시민의 시간으로』, 북극성, 2017.

신근영, 「일제 강점 초기 곡마단의 연행 양상」, 『남도민속연구』 27, 남도민속학회, 2013.

신동흔, 「민속과 문화원형, 그리고 콘텐츠 — 문화산업 시대, 민속학의 자리」, 『한국민속학』, 43, 한국민속학회, 2006.

신혜영, 「카니발 이론으로 본 한국의 가면극」, 『민속학연구』, 26, 국립민속박물관, 2010.

심승구, 「한국 술문화의 원형과 문화콘텐츠화」, 『2005년 인문콘텐츠학회 학술발표자료집』, 인문콘텐츠학회, 2005.

아도르노 · 호르크하이머 지음, 김유동 옮김, 『계몽의 변증법』, 문학과 지성사, 2014.

앤서니 기든스 · 필립 서튼 지음, 김미숙 외 옮김, 「정치, 정부, 사회운동」, 『7판 현대사회학』, 을유문화사, 2014.

에드먼드 리치 지음, 신인철 옮김, 『성서의 구조인류학』, 한길사, 1996.

여홍상 엮음, 『바흐친과 문화 이론』, 문학과 지성사, 1995.

오명석, 「1960~70년대의 문화정책과 민족문화담론」, 『비교문화연구』 4, 서울대학교 비교문화연구소, 1998.

오율자, 『춤에서의 신명체험에 대한 연구』, 단국대학교 박사학위논문, 1994.

요한 호이징하 지음, 이윤수 옮김, 『호모루덴스』, 까치, 2014.

유영대, 「판소리의 역사」, 『한국민속사입문』, 지식산업사, 1999.

유영봉, 「판소리 사설의 풍자대상과 현실인식」, 인하대학교 석사학위논문, 2003.

유진룡 외, 『엔터테인먼트산업의 이해』, 넥서스BIZ, 2009.

윤광봉, 『한국연희예술사』, 민속원, 2016.

윤태일, 「신명의 매체서사학에 관한 탐색적 고찰」, 『언론과학연구』 10권 4호, 한국지역언론학회, 2010.

윤태일 외, 「신명나면 잘 통하는가? 축제의 신명체험이 커뮤니케이션 효능감에 미치는 영향 및 그 선행요인에 관한 연구」, 『언론과학연구』 11권 1호, 한국지역언론학회, 2011.

이기상, 「문화콘텐츠 학의 이념과 방향 — 소통과 공감의 학」, 『인문콘텐츠』 23, 인문콘텐츠학회, 2011.

이나미, 「근 · 현대 한국의 민 개념: 허균의 "호민론"을 통해 본 국민 · 민중 · 시민」, 『한국동양정치사상사연구』 제13권 제2호, 한국동양정치사상사학회, 2014.

이영미, 『마당극양식의 원리와 특성』, 시공사, 2001.

이원양, 『브레히트 연구』, 두레, 1988.

이윤수, 『연등회의 역사와 문화콘텐츠』, 민속원, 2014.

이정훈, 『경기도 문화콘텐츠산업 육성전략 연구』, 경기개발연구원, 2004.

이정희, 「조선시대 장악원 전악의 역할」, 『한국음악연구』 40, 한국국악학회, 2006.

이지호 · 이현우 · 서복경, 『탄핵광장의 안과 밖 — 촛불민심 경험분석』, 책담, 2017.

인문콘텐츠학회,『문화콘텐츠입문』, 북코리아, 2006.

임진택,『민중연희의 창조』, 창작과 비평사, 1990.

임재해,「도시 속 민속문화의 전승양상과 도시민속학의 새 지평」,『실천민속학연구』9, 실천민속학회, 2007.

──────,『민속문화론』, 문학과지성사, 1986.

──────,『민속문화를 읽는 열쇠말』, 민속원, 2004.

──────,『민속문화의 생태학적 인식』, 당대, 2002.

──────,「민속에서 '판'문화의 인식과 인문학문의 길찾기」,『민족미학』11권 1호, 민족미학회, 2012.

장덕순 · 조동일 · 서대석 · 조희웅,『구비문학개설』, 일조각, 2006.

전경욱,『한국의 전통연희』, 학고재, 2006.

정창권,『문화콘텐츠학강의(깊이 이해하기)』, 커뮤니케이션북스, 2008.

조동일,「민중, 민중의식, 민중예술」,『한국설화와 민중의식』, 정음사, 1985.

──────,『카타르시스, 라사, 신명풀이』, 지식산업사, 1997.

──────,『탈춤의 원리 신명풀이』, 지식산업사, 2006.

조정현,「민속연행예술의 신명체험 관광 ─ 상설공연을 중심으로」,『민속연구』10, 안동대학교 민속학연구소, 2000.

──────,『별신굿의 전승력과 축제적 연행의 원형』, 안동대학교 박사학위논문, 2007.

주경복,『레비스트로스: 슬픈 열대와 구조주의자의 길』, 건국대학교출판부, 1996.

채정수,「스펙타클과 정치권력의 상관성 연구 ─ '국풍81'을 중심으로」, 홍익대학교 석사학위논문, 2010.

채희완,『공동체의 춤 신명의 춤』, 한길사, 1985.

──────,「민중예술에 있어서 예술체험으로서의 신명」,『예술과 비평』5, 서울신문사, 1985.

채희완 엮음,『춤, 탈, 마당, 몸, 미학 공부집』, 민속원, 2009.

천혜숙,「여성생애담의 구술사례와 그 의미분석」,『구비문학연구』제4호, 한국구비문학회, 1997.

최석영,『한국박물관 100년 역사: 진단&대안』, 민속원, 2008.

최연구,『문화콘텐츠란 무엇인가』, 살림, 2012.

최영준 · 최일봉,『박근혜 퇴진 촛불운동: 현장 보고와 분석』, 책갈피, 2017.

클로드 레비스트로스 지음, 안정남 옮김,『야생의 사고』, 한길사, 2005.

태지호,『공간형 콘텐츠』, 커뮤니케이션북스, 2014.

한국정치외교사논총 편집부,「10.26과 전두환 군사정권」,『한국정치외교사논총』15,

한국정치외교사학회, 1997.

한민, 「문화원형으로서의 신명에 대한 이해」, 『인문콘텐츠』 11, 인문콘텐츠학회, 2008.

한양명, 「민속예술을 통해 본 신명풀이의 존재양상과 성격」, 『비교민속학』 22, 비교민속학회, 2002.

_____, 「축제 정치의 두 풍경 — 국풍81과 대학대동제」, 『비교민속학』 26, 비교민속학회, 2004.

한완상, 『민중과 사회』, 종로서적, 1980.

허원기, 『판소리의 신명풀이미학 e-book』, 박이정, 2001.

호이징하 지음, 김윤수 옮김, 『호모루덴스』, 까치, 1981.

홍사열, 「축제주도집단에 따른 축제성의 발현양상 — 아산시 송악면 마을축제를 중심으로」, 『실천민속학연구』 17, 실천민속학회, 2011.

신문 기사

「〈얘기좀 들어봅시다〉 "진정한 우리 것 한마당에 볼 기회됩니다" 「국풍81」 준비의 주역… 李元洪 KBS사장」, 『조선일보』, 1981년 5월 28일자.

「검찰, '문화계 황태자'차은택 징역 5년 구형… 이달 22일 선고」, 『연합뉴스』, 2017년 11월 1일자.

「영화·드라마의 새로운 흥행공식, IBK 문화콘텐츠금융부」, 『IBK기업은행 공식블로그』, 2016년 9월 6일자.

「國風'81 來1日까지 『地神밟기』로부터 祝祭시작」, 『동아일보』, 1981년 5월 28일자.

「國風人波延千萬… 「熱氣5日」 오늘밤 閉幕」, 『경향신문』, 1981년 6월 1일자.

인터넷 자료

경인일보, http://www.kyeongin.com/main/view.php?key=20170405010001676

게임동아, http://game.donga.com/69557

국가기록원, http://theme.archives.go.kr/viewer/common/archWebViewer.do?singleD
    ata=Y&archiveEventId=0049320660

———, http://theme.archives.go.kr/next/chronology/archiveDetail.do?flag=3&page=
    376&evntId=0049319597&sort=name

국가보훈처 공식블로그, http://mpva.tistory.com/1685

기독일보, http://www.christiandaily.co.kr/news/

나눔문화, http://www.nanum.com/site/act_view/831511

네이버지식백과, 국어국문학자료사전, http://terms.naver.com/entry.nhn?docId=694978&
    cid=41708&categoryId=41711

네이버지식백과, 시사상식사전, http://terms.naver.com/entry.nhn?docId=3432642&cid=
    43667&categoryId=43667

네이버지식백과, 이해하기 쉽게 쓴 행정학용어사전, http://terms.naver.com/entry.nhn?docI
    d=659598&cid=42152&categoryId=42152

네이버 포스트, http://post.naver.com/viewer/postView.nhn?volumeNo=7106520&me
    mberNo=36946283&vType=VERTICAL

매일경제, http://news.mk.co.kr/newsRead.php?year=2009&no=101085

문화체육관광부, http://www.mcst.go.kr

민주화운동기념사업회, http://www.kdemo.or.kr/blog/music/post/794

민중의 소리, http://www.vop.co.kr/A00001092291.html

민중총궐기 투쟁본부 페이스북, https://www.facebook.com/raiseup1114/photos/a.9534
    04921396900/1256336661103723/?type=3&theater

박근혜정권 퇴진 비상국민행동 공식홈페이지, http://bisang2016.net/b/board03/18

안동축제관광재단, www.aftf.or.kr

연합뉴스, http://www.yonhapnews.co.kr/bulletin/2017/11/01/0200000000AKR2017
    1101083500004.HTML?from=search

———, http://www.yonhapnews.co.kr/bulletin/2017/11/01/0200000000AKR20171
    101083500004.HTML?input=1195m

영남일보, http://www.yeongnam.com/mnews/newsview.do?mode=newsView&ne
    wskey=20130810.010160735530001

오픈아카이브, http://db.kdemocracy.or.kr/isad/view/00729898

요아킴의 아랫목의 기억, http://joachim.pe.kr/xe/duet/2749

유튜브, https://www.youtube.com/watch?v=Q49vOupSTc4&t=2258s

_____, https://www.youtube.com/watch?v=TITLv8r55QY

_____, https://www.youtube.com/watch?v=1qtyoPzR2vU

_____, https://www.youtube.com/watch?v=MRz6TNKf6lg

_____, https://www.youtube.com/watch?v=9f8LSc_AVbY&t=113s

조선닷컴, http://news.chosun.com/site/data/html_dir/2016/12/04/2016120401600.html

중앙일보, http://news.joins.com/article/17216725

충청투데이, http://www.cctoday.co.kr/?mod=news&act=articleView&idxno=931372

한겨레, http://www.hani.co.kr/arti/society/society_general/211693.html#csidx2b80c2b34e5a9f19286e56a8f67ccfa

_____, http://www.hani.co.kr/arti/culture/culture_general/540374.html

한국대학신문, http://news.unn.net/news/articleView.html?idxno=174346

한국저작권위원회, https://gongu.copyright.or.kr/gongu/wrt/wrt/view.do?wrtSn=342660&menuNo=200150

한국콘텐츠진흥원 홈페이지, http://www.kocca.kr

허핑턴포스트코리아, http://www.huffingtonpost.kr/2014/06/09/story_n_5471125.html

IBK기업은행 공식블로그, http://blog.ibk.co.kr/1998

KBS뉴스, http://news.kbs.co.kr/news/view.do?ncd=3376722

KCN한국소상공인신문, https://blog.naver.com/ceo0027/220643690449

news 1, http://news1.kr/articles/?3085302

SBS뉴스, http://news.sbs.co.kr/news/endPage.do?news_id=N1000096842&plink=OLDURL

김진형 金鎭亨

jinhyung1450@daum.net

경북 안동에서 태어났다. 안동대학교 민속학과에서 학부와 석사과정을 마치고 고려대학교 대학원 문화재학과에서 민속학 전공으로 문학박사학위를 받았다. 경기연구원 문화관광연구부 연구원, 고려대학교 민족문화연구원 선임연구원, 한양대학교 미디어커뮤니케이션학과 박사후연구원을 거쳐 현재 한신대학교 학술원 박사후연구원으로 재직 중이다. 현재 한신대학교와 안동대학교에서 강의하고 있다. 실천민속학회, 비교민속학회, 인문콘텐츠학회, 글로벌문화콘텐츠학회, 문화콘텐츠 신진포럼에서 학술활동을 하고 있다.

주요 저서 및 논문

『문화콘텐츠와 멀티유즈 전략』(2015)

「종교문화콘텐츠의 진단과 대중화 전략」(2018)

「'국풍81'과 '박근혜 퇴진 촛불집회'의 실현요소에 나타난 유사성과 대립성」(2018)

「민중적 시각으로 본 문화콘텐츠의 권력구조적 불평등 양상」(2018)

「문화콘텐츠의 민중의식과 변혁적 가치로의 실천방향」(2017)

「문화콘텐츠의 인식범위 확장과 생산·소비 메커니즘 진단」(2016)

「신명풀이의 변화양상과 판문화콘텐츠적 계승방안」(2015)

「문화콘텐츠의 '육성기반'과 판문화의 가치 적용」(2014)

「지자체 문화콘텐츠의 멀티유즈화 현상과 지역문화적 가치」(2014)

「지방문화콘텐츠의 전략적 개발을 위한 멀티유즈(Multi-use) 구성체계」(2013)

「'지방자치단체 문화콘텐츠'의 개념과 OSMU 가치실현 방안」(2011)

「한국민속대백과사전의 편찬을 위한 XML 전자문서 구조설계」(2009)

「현장론적 화소체계에 따른 '용 싸움에 끼어든 도조' 유형 설화의 구조분석」(2009)